I0434904

www.ingramcontent.com/pod-product-compliance
Lightning Source LLC
Chambersburg PA
CBHW081208280526
45787CB00006B/2368
9781506174037

نبذة مختصرة عن المؤلف

الاسم : هشام ممدوح حافظ غنيم سالم

الاسم العائلي والشهرة : هشم غنيم الاغا

1- المقدمة

الحمد لله وحده والصلاه والسلام على من لا نبي بعده
الرب المنفرد بكل شئون الربوبية من خلق و رزق و إحياء وإماته وأن الأقدار
كلها تقع بيديه وأنه لا منازع له في سلطانه وأنه سبحانه بيده وحده الضر والنفع
والإعطاء والمنع أمره سبحانه بين الكاف والنون سبحانه له الأمر ولهذا فله
الخلق وله سبحانه الخلق لذلك فله وحده دون غيره الأمر فلا منازع له في أمره.
أما بعد ..

إن هذا البحث الصغير و الكتاب الضئيل يحاول كشف شئ مهم جدا لا يعلمه
شريحة عريضة من الناس ولا يعلم مفاهيمه شريحة أخري ولا يعلم أسراره
أغلب الناس ولأن الناس تستغل الناس ولأن من يعلم علم ضئيل وخبث كثير
يستغل به جهل الآخرين ولأن الآخرين أنشأت فيهم وبينهم ثقافة عدم النقد والمدح
هو السبيل فولد من رحم كل ذنب صبغة جديدة وهي كيف يستغل الجاهل من هو
أجهل منه وأن الجاهل الأحمق الذي لا يعلم ولا يعقل ولا يفهم أغلب ما يقول
ويفعل سهل إستدراجه وإستغلاله والتسلق عليه بعد إيهامه أنه يفهم كل شئ
ويعرف كل شئ فهو شريك في كل شئ حتى يفاجأ ببيع أرضه وبيته وأولاده
وتاريخه وحتي لا يتأسس للحمقى قومية علي جهل فيصبح (عيدا) يبحث عن
(سيد) ويرى في عبوديته الحرية المنشوده ثم يفاجأ بالأغلال في رقبته وحتى لا
يأتي اليوم الدي يعلم فيه أن الأغلال ولدت من عبوده هو من صنعها بنفسه
ولنفسه ولا يندم من يندم في زمن لا يندم فيه كل من وجب عليه الندم وقبل أن
يعلم من يحاول وقتها أن يعلم أنه هو الذي أمسك بناقوس المزاد وهو الذي ردد
(ألا من سيد فالعبيد تنادي , ألا دونا ألا دوي) وليحاول أن يجد نفسهم قبل أن
يقول (ألا تري) وينتهي كل من بدأ لينتهي.

المؤلف

تمهيد

بعد ما استتب الأمر لبني أميه في حكم البلاد والسيطرة علي البلد الإسلامية الواحدة المترامية الأطراف والمتعددة الثقافات و الديانات خالف أمراء بني أميه بعد معاوية بن أبي سفيان الذي كان يعد رضي الله عنه من أصحاب رسول الله صلي الله عليه و سلم بل و من علماء أصحابه وكاتب من كتاب الوحي توهم أمراء بني أمية أن البلاد التي هم أمراء عليها ملكا لهم بعد أن تحول نظام الحكم من الخلفاء الراشدون من حكم مبايعة و إختيار ورضى من جميع الناس إلي حكم ملكي يملكون به البلاد قبل العباد ومن حكم شورى يشاور فيه الخليفة أو الحاكم أو أمير المؤمنين أصحاب الرأي و المشورة و هم المشتغلون بالعلم والمعلوم عنهم الفداء و الإخلاص و الشجاعة في زمن رسول الله صلى الله عليه و سلم إلي حكم الأمراء و المسمى خطأً و نفاقاً (أمير المؤمنين) أو خليفة حيث أن الحكم الملكي لا يكن أبدا خلافة للمؤمنين أو أميرا عليهم (المهم) أن و من هم هؤلاء الأمراء الجهلاء توهموا أن هذه البلاد و العباد بل هي نتيجة لأنهم أشجع الناس قبل الإسلام و أعلمهم و نحو ذلك من المفاخر الكاذبة و التي روجها الأفاقون من المداهنيين لأمراء هذه البلاد ولا أدري أين كانت تلك الشجاعة و هم أذل و أجبن الناس علي وجه البسيطة وأنهم وأقرانهم من سكان البادية لا يعرفون معنى الدولة لكونهم (بدواً) ولا يعرفون أبعد من بطونهم و فروجهم بشكل لا يختلف خلقا و عقلا وحياة عما كانوا يرعون من أغنام وثقافتهم كانت لا تعدوا ثقافة المفاخرة علي بعضهم البعض مثلما يفاخر (ماعز أقرن علي ماعز غير أقرن أو وعل تغلب علي ندا له في الذكوره فلا يصبح ندا له مؤقتا) وليس هذا مجاله الآن .
ولم يعلم هؤلاء الذين انحدروا من سلالة ما ذكر سالفا أن الإسلام جاء ليجعل من العرب مسلمين فلا مجال لما يسمى بالعرب أو العربي أي لا مجال لسكان البادية و هذا معنى عرب.

لأن الإسلام دين حضارة وليس دين بداوة أي يغير من البدو (سكان الصحراء) إلي قوم تجمعهم قومية علي أساس مفهوم ثقافي واحد و هو الإسلام و الذي أعني به (التوحيد) و (بسط الألوهيه لله وحده على الأرض خلفا للجن و الأنس الذين

فشلوا في تلك المهمة التي من أجلها خلق الله الإنسان) وعن طريق ذلك يكتشف الإنسان حقيقة نفسه و حقيقة الكون ولكن الحقيقة التي رصدها المؤرخون و علماء البحث و التي جائت مرافقة لحال الدولتين سواء الأموية أو العباسية من أسباب البقاء أو أسباب السقوط ومن أسباب النهضة العلمية و الإجتماعية و من أسباب سقوط النهضتين سواء الأموية و العباسية وأن الحقيقة أن أمراء الدولتين العباسية و الأموية قد أذو الحركة الإسلامية بل وكانوا عقبة حقيقية بسبب جهل الأمراء و نفاق الجهلاء ونعرات الجاهلية التي ورثها عامة أمراء الدولتين إلا القليل منهم وأن من أسباب جهل عوام المسلمين هذه الأيام و الأيام التي تليها حتي قيام الساعة هؤلاء الغوغاء الجهلاء من أمراء الدولتين ولولا الله عز و جل ثم عوام طلاب العلم و خاصتهم إن صح ذلك اللفظ شرعا لسقطت الدولة الأموية و العباسية من الأيام الأولى و لعادت جاهلية ما قبل الإسلام و لعاد أمراء الدولتين أذلاء عبيد للأمم كسابق عهد آبائهم و صدق عمر رضي الله عنه حيث قال : "كنا أذلاء فأعزنا الله بالإسلام فمن أبتغى العزة في غير الإسلام أذله الله" وصدق أصحاب النبي صلى الله عليه و سلم (المهاجرين و الأنصار) ولا شك أن أمراء بني أمية و العباس سبب ضياع الإسلام هذه الأيام ولا شك أنهم سبب إلباس الناس الإسلام ما ليس منه و يكفي أن تعلم أن الفكر الإرجائي التي عليه كثير من المسلمين الآن قد نشأ في كنف الدولتين و كذلك إستغناء الناس عن الإسلام الذي جاء به النبي محمد صلى الله عليه و سلم وما كان عليه المهاجرين و الأنصار بالمذاهب والفرق كالأشعريه والقدريه و نحوها وقد تشيع المسلمون فرق سواء فرق مذهبيه أو فرق علويه أو فرق شيعية و الحقيقة أن التشيع لغة هو إنحياز البعض دون الأخر لفكر دون فكر (أي مفهوم عقائدي) ما كان عليه المهاجرين و الأنصار أو مذهب دون مذهب (وهو ما كان عليه النبي صلي الله عليه و سلم و المهاجرين و الأنصار) أو عقيدة دون عقيدة (وهي عقيدة الإسلام التي كان عليها النبي صلى الله عليه و سلم و المهاجرين و الأنصار) وهي مفهوم الإسلام من (توحيد و إفراد الله بالوحدانية في الألوهيه و الربوبية و أسماءه و صفاته و كذلك من وضع مفهوم لبسط ألوهية الله تعالى كما ينبغي و أنزل على الأرض و مواجهة كل إلاه مزعوم من صنع الناس من دين وضعي أو تحريف دين منزل بمفهوم دين وضعي

وعن طريق البحث تبين أن الإنسان يولد مرتين :-

مرة عندما يولد كمخلوق ومرة أخرى عندما يولد كإنسان وميلاده كإنسان مرتبط بميلاده كمخلوق ذلك أن الإنسان يولد من المخلوق ذا الميلاد الأول يتم التواجد بالميلاد الثاني يتم التحقيق أي تحقيق التواجد و ميلاد الذات الإنسية و ميلاد الجوهر و الماهية التي تحدد نوعه بين المخلوقات .

<u>و هذا الميلاد الثاني</u>

قال تعالى : "والله أخرجكم من بطون أمهاتكم لا تعلمون شيئا وجعل لكم السمع و الأبصار و الأفئدة .... الآية" فالسمع و الأبصار و الأفئدة أدوات للبحث العلمي وذلك لإستيعاب الكون و المخلوقات و نحو ذلك لتحقيق بسط الألوهية لله وحده علي الأرض فكان إرتباط الإنسان بمافهيم الألوهية و التوحيد و الكون و المخلوقات تحتاج نوع من المخلوقات و كان ذلك الإنسان فإرتباط البحث العلمي لتحقيق ميلاد الإنسان وتواجد الذات و أن البحث العلمي هو الماهية التي تحدد ذلك النوع من المخلوقات و هناك الكثير من الآيات و الأدلة النقلية و العقلية على ذلك.

و أن مفاهيم التوحيد و تحقيق الألوهية بين الناس و المخلوقات يتناسب مع ذلك بل يتوقف عليه بشكل يناسب كل زمن على حده و بشكل تكامل بين الأزمنة حتي يصل إلى الزمن الذي يتحدث التوحيد فيه عن نفسه و أن الألوهية و بسطها بين المخلوقات لله وحده و كذلك التحقيق أي هيمنة الألوهية لله وحده بين العقول و الأزمنة و الأديان الوضعية و المنزلة و ذلك بغير وجود نبي مرسل فتكون بمثابة الرسالات المؤقتة لكل زمن و ذلك بالقرآن الكريم أو المنزله و لذلك سمى القرآن (بالمهيمن علي الكتب المنزلة و المرجعية عليهم) لكن ما وجد بعد الرجل الذي وجد نفسه علي نحو سابق ذكره حتى يولد مرته الثانية.

و على ذلك فإن القرآن الكريم و ما به من رسالات لم يطلع عليها بعد من الناس في تلك الأزمنة و تلك الرسالات تنحصر في :-

1. التوحيد يناسب الزمن و الذي يليه.

2. الألوهية لله وحده بمفاهيم هذا الزمان و الذي يليه.

3. بسط الألوهية لله وحده لتكون لغة التعامل بين الناس و الفهم و الإعتقاد و التصور.

4. تصور للكون و المخلوقات مرتكز علي أفهام الألوهية و التوحيد بما يناسب كشف قوانين الطبيعة.

5. تحقيق مفاهيم الألوهية لله وحده بما يناسب الزمن العلمي و البحثي و بما يناسب الشعوب كمفهوم يرقى و لا يرقى عليه تحقيق هيمنة و سيطرة متقنة.

6. تقنين الهيمنة القرآنية على الكتب المنزلة و الديانات الوضعية.

7. ميلاد الإنسان الثاني ميلاد نوع بعد ميلاد التواجد.

وذلك حتى يستطيع فهم الرسالة المنزلة وإلا لن يفهمها إنسان التواجد ما نزل في الكتاب إلا ما ورث وما علمه من الدين العرفي و ليس المنزل وهذا الدين دين مختلط بديانات أخرى وضعية و منزلة محرفة وفعل التاريخ و التعارف و التألف عليها فعل التصديق فأصبحت دين لا يقبل المناقشة.

و على ما سبق كانت حضارة الإسلام الأولى التي أسسها النبي صلى الله عليه و سلم والمهاجرين و الأنصار و التي أتت بعض ثمارها في الدولة الأموية و العباسية وهذا البعض أظهر أعظم حضارة بحث علمي في التاريخ ، حضارة أنطلقت بعدما تم ميلاد أصحاب النبي صلى الله عليه و سلم بسبب القرىن الكريم و ما به من توحيد و ألوهية و مفاهيمها و بسط و تحقيق للألوهية لله وحده بين المخلوقات فبها إكتشف أصحاب النبي صلى الله عليه و سلم أنفسهم و كان الميلاد علي يد أخر الآنبياء و المرسلين فتبدلت الشخصية بعد الميلاد فأنقلبت الجزيرة العربية إلى ضد ما كانت عليه من شخصية و ثقافة و إنتماء و مفاهيم فكان ميلاد المسلمين كجنس وموت الأعراب كجنس لاينتمي لبعضه البعض إلا سكنة الصحراء و جاهلية الفكر و الإعتقاد و موت الميلاد الثاني بعد الميلاد الأول فكان من ثمرة و نتيجة الإكتفاء بالميلاد الأول تلك الشخصية الرديئة و الجنس مطموس الملامح و شعاره لا إنتماء إلا كما ينتمي المخلوقات الأخرى زملاء لهم في المعيشة يخافون كما يخافون من نفس الأسباب ويموتون كما يموت رفقائهم

في سكنة الوديان فضلا عن محاكاتهم لتلك المخلوقات في طعامهم و زواجهم و قتالهم و إنتمائهم.

فبعد الميلاد الثاني كان نفس الجنس إسمه (الإسلام) و رغم جاهلية بني العباس و بني أمية كانت أعظم حضارة بحث علمي في التاريخ بفضل الله تعالى لإظهار دينه بإثباته أنه من عنده سبحانه و تعالى بفضل العلماء و طلاب العلم و الذي كان شعر للشعوب الاسلاميه كما قرر الإسلام وجعله شرط الدخول فيه فكان عوام المسلمين طلاب علم. حتى انشأ الامراء كوادر النفاق من طلاب العلم ليصبح بعضهم مسخر للكذب الجاهلي علي الناس نفاقا جاهليا مكذوبا لأحية بني أية أو بني العباس بالحكم أو الرياسة حتى أظهروهم كجنس مختلف عن الناس فأنشغل العلماء لعودة الجاهلية بالسجن تارة و النفي تارة و فعل الأمراء الجاهلون كل ما بوسعهم لعودة الجاهلية الأولى فكان من نتيجة ذلك دخول كثير من المسلمين الإسلام بغير علم وبغير هدم لتراث عقائدي سابق في بلادهم أو دينهم و أنتشر هؤلاء المسلمون الجدد حتى صاروا علماء و ما أسهل ذلك في تلك الأزمنة فتبدلت السنة إلى بدعة و التوحيد إلى شرك و بدأ في إنحصار الشخصية الإسلامية ثم عودة الجاهلية الأولى كإنتماء فظهر ما يردد جنس العربي و يتصور أحفاد الرعاع أن هذا الملك وهذه البلاد بفضل كونهم عرب و تجاهلوا كل ما سبق من شرح فقسموا المسلمين إلى موالى و غير موالى و عرب و غير عرب فكان رد فعل المسلمين و الغير عرب تميز أنفسهم لأنفسهم لكونهم أعمدة الحضارة الإسلامية من البشر و بدأت حركة التكفير و التمييز و العنصرية و التفاخر بين القسمين و سقطت الجنسية الإسلامية و سقطت الشخصية الإسلامية و ظهرت جنسيات أخرى و أخذ المسلمون في التصارع للحاق بركب إنتماء مصتنع ليس له وجود الإنتماء إلى ما يسمى العروبة و جهل هؤلاء ما يسمى بالجغرافيا البشرية و علم الأجناس و إختلاف الزراري و الأجيال و المجتمعات و أن المكان الأول و هو البادية مجرد سكان و مكان تعايش يتطور و يختلف و يصبح مكان بل أماكن بها شكل و مضمون و تاريخ متغير و ثقافة متغيرة البشر و أن الإنتماء المتغير إنتماء للسراب فسقطت الدولة الإسلامية و ذابت الشخصية بين الشخصيات و الأوهام و الإنتماءات من أجل سراب و النتيجة بل جزء منها في الفصول التالية ... ←←←

الباب الأول

الفصل الأول : الدين

الفصل الثاني : القومية

الفصل الأول :

الدين بالكسر و الداين بالفتح أما الداين بالفتح فهو ما قيد به المرء لأخر و يعني الأخر على سبيل الرد فقيد الأَخر بهذا الرد لذلك فإن الأخر يخضع للدائن في هذا الأمر أي الدين

أما الدين : بالكسر فهو القيد على سبيل الخضوع.

و الدين بالكسر نوعان : (دين منزل) و (دين وضعي).

لماذا دين منزل و لماذا هناك دين وضعي ؟

ذلك بأن الدين المنزل هو ما جاء به الوحي أو رسول من قبل الله تعالى لخضوع الناس لله وحده بما نزل فالهدف هو الإخضاع لله لذلك سمي الدين المنزل على كل الرسل و الأنبياء (إسلام) أي إستسلام و خضوع و كانت العبادة في معناها في اللغة العربية تعني : الذل و الخضوع و الذل يعني عدم الرد و الممانعة للوصول بالناس لتحقيق الألوهية لله وحده وعدم المشاركة لذلك كان في اللغة (الذل) يعني مثلا طريق مذلل أي طريق معبد أي طريق ممهد لا إعوجاج فيه و لا مانع من السير

(الدين الوضعي) : وهو ما وضعه البعض من الناس لإخضاع البعض بديلا عن الدين المنزل كله أو بعضه أو جزء منه فسمي (الدين الوضعي) و (الدين البديل) ولجهل البعض أو الأغلب باللغة أو العلم يتصور أنه من الممكن أن يكون مسلم يصلي في المسجد أو مسيحي يصلي في الكنيسة أو يهودي يصلي في المعبد وله بديل عن بعض ما أنزل مثلا تشريع في طعام منزل يستبدل بأخر بديل وضعي أو تشريع في نظام إجتماعي أو تشريع في نظام إقتصادي أو نحو ذلك

فهنا يبطل الدين المنزل بالدين الوضعي لأن من شروط الدين المنزل :- الوصول لإفراد الله وحده بالوحدانية في ألوهيته و ربوبيته و أسمائه و صفاته وتحقيق الألوهية و الربوبية لله وحده في الوجود ففي الوصية مثلا : الخضوع و الإستسلام إسلاما أنه من يجيب المضطر أو الدعاء من المخلوق فبما لا يقدر عليه إلا الخالق فإذا كان سمي ذلك إسلاما و كان مع ذلك مخلوق أي مخلوق حتى لو

كان نبي أصبح صرف جزء مما لا ينبغي إلا لله إعتقاد إعتقاد قول قول أو عمل لذلك يسمى ذلك (شركاً) فيبطل الإسلام المنزل لذلك فإن معنى الإله :

الإلـــه : هو الدلالة على الألوهية المجردة التي لا تصحبها معاني أخرى و في اللسان العربي (الإله) الدالة علي المعبود الحق و عندما جهل العرب و أشركت أطلقت لفظ (إله) على كل ما أخافها و كل ما أفزعها أو أدهشها أو أخافها ثم وجدت من جانب ذلك المخيف أو نحوه قدره تفوق قدرة السواد الأعظم منهم ثم أستغلت أي لفظ (إله) للإستنكار الفعلي أي كل ما يخشى دره إذا كان خفي أو يرجى نفعه إذا كان غيب وعندما أرادت سكان الصحراء أي العرب تميز (الله) عن باقي الآلهه حيث أنهم كانوا يعتقدون أن الله في السماء و أعلم أن في ظرفيه تعني فإذا قلت الله في السماء يعني الله على السماء و قوله : "أمنتم من في السماء" يعني الله تعني في لغة العرب قديما أي من على السماء لذلك ميزت العرب في الجاهلية الأولى الإله الذي في السماء بـ(الله) و كانوا يعتقدون أن (الله) الذي في السماء هو كبير الآلهه التي في الأرض.

فحاول أن تركز معي في هذه المعاني حتى تكون مقياس على ما سوف نقول لكي نعلم أين نحن من الإعتقاد و العمل و أين نحن من الدين المنزل و أين نحن من العلم الواجب للميلاد الثاني و أرجو أن يكون ما شرح سلفا في أول البحث أو الكتاب في الحسبان لأن هذه الخطوات ما هي إلا مقدمات حتى نعلم النتائج و الحقائق لرسم الطريق و الحقيقة و الوجود و تحقيق الوجود لتكون أحد أسنان المفتاح الذي يتم به تحطيم الطوق الذي يطوق الرقبة حتى نتحرر من عبوديات أنت قد لا تعلمها هي أصل العبوديات أنت تعلمها و مثلما يقول المثل (قطعت جهيزه قول كل خطيب) أرجو قراء كتاب (عبيد لا يحررها قيود) لذات المؤلف.

المهم عندنا هنا أن الله يعني عند العرب علم على الذات الوجود و هو الخالق و الرازق وهو الذي يملك السمع و الأبصار و الأفئدة و معنى ذلك لم ينفي وجود (الآلهه) الأخرى فهذا عند العرب لا ينفي ذاك و لكنه يكمل مفهوم العقيده عندهم.

إنتبه (مفهوم العقيدة) و الواضح بالبحث أن هذا المفهوم لم يختلف كثيرا عن المعتقدات للمصريين القدماء أو اليونانيين القدماء أو نحوهم فعند المصريين القدماء كانوا إذا خافوا شئ عبدوه فكان الكثير من المعبودات المألهه عند قدماء

المصريين كانت من الخوف مثل (القطة) و مثل (نهر النيل) لجلب الخير و مثل (أوزريس) للشر و نحو ذلك و مع ذلك فكانت الآلهه عندهم شأن و الإلهه (آمون) عندهم شأن آخر و هو إله الشمس و الذي جعلوه في بعض الأزمنة القديمة المصرية هو كبير الآلهه مثل الإعتقاد و المماثل تقريبا عند العرب مع الإختلاف و الملاحظ أيضا أن العرب كانت تعبد الكواكب السيارة كما أنم المصريين كانوا يعبدون الشمس و نحو ذلك و إذا تأملت لوجدت أن إختلاط الشعوب قديما لسبب أو أخر وهو السبب في التبادل الثقافي بما يتناسب مع طبيعة مفاهيم و بدائيات الشعوب وأن الكبراء من الكهنة و الرهبان و الوجهاء لهم التأثير المباشر و الاهم و إن شئت فقل الوحيد على الشعوب قديما و حديثا.

و على هذا نستطيع أن نقول أن مفهوم الآلهه قد تعتقده دون أن تدرك أنك قد عبدت من دون الله لكونك تعبد الله و تقول أعبد الله وحده فإن أصحاب الديانات تقول ذلك قإنتبه فالمسيحي و اليهودي و المسلم و نحوهم يقولون نعبد الله وحده لا نشرك به شيئاً و قياساً على ما سبقه قد يكون البعض مخطئ و قد يكون مصيب ذلك يتوقف على علمك و بحثك في إعتقاداتك و أعلم أن الإعتقاد و هي الصورة النظرية للعقيدة و أن ممارسة العقيدة هي الصورة العلمية لها فقد يحدث التناقض العقائدي.

فإحترس و أعلم أن الإعتقاد في إله ما إعتقاد و تصور فيتحول التصور في الشئ إله لذلك كما ذكرنا فإن التصور في شئ ما في دفع ضر أو جلب خير بدايات تصور أنه رغم إعتقادك في الله فإنتبه حتى لا تؤمن بالله الذي في السماء بأنه هو الله ثم تؤمن بإعتقاد عمل و عملي بآلهه أخرى تصنعها رغباتك لأو يصورها لك أحد الأشخاص و سبب ذلك أن لك طموح في حياتك لا يستطيع

تصورك في الله الذي في السماء تحقيق ذلك الطموح بالشكل الذي يرضيك حيث أن تصورك أن الله الذي في السماء لا يفعل كل ما يرضيك و أنت المنشود تكون لك أنه مصور معتقد لا ينفي إعتقادك الجازم بالله و قد تكون من المتحمسين لله الذي في السماء فإنتبه.

و إذا تصورت معي سقوط الموانع القدر به بإذن الله و أمره و أخذنا عينه من (عرب الجاهلية الأولى) و عينه من (المصريين القدماء) و عينه من (اليونانين القدماء)

و عينه من (الرومان القدماء) و سألت مثلا حرب الجاهلية قلت أنتم تعبدون غير الله و تشركون ؟ .. !؟ لقالوا لك (ما نعبدهم إلا ليقربونا إلى الله زلفى) أليس كذلك سوف تقول نعم ! ما معنى هذا إذا قسناه على ما سبق شرحه من قواعد.

قلنا مع بعضنا أن (التعبير) هو الخضوع و الإستسلام على ذلك فإن قولهم يعني (نستسلم لتلك الآلهه التي هي غير الله التي في السماء و نخضع لهم بشكل الطاعة تقربا حتى تكون عبادة و إستسلام لله وحده) أليس كذلك.

إذا ما هي صلة التقرب و الإسلام لأنه صنعها العرب صناعة تصور و خوف و رغبة و صناعة تصور لتحقيق ما يحتاجه وهو التقرب الله الذي في السماء و لكنه لا يجد فيصور في شئ ما يراه ما يريد أن يراه تصورا في الله الذي في السماء فعندهم قديما إن هذه الآلهه المزعومة صورا لإعتقادهم المرجو في الله لذلك فإن التقرب إليها تقرب لله عندهم لذلك لما سئلوا قالوا ما نعبدهم إلا ليقدونا إلى الله زلفى فاتخذت العرب المعنى اللغوي في نعبدهم للوصول للمعنى الشرعي و هو التقرب لله وحده لذلك قالوا عن النبي محمد صلى الله عليه و سلم متعجبين (أجعل الآلهه إلاه واحداً إن هذا الشئ عجاب) سورة ص.

لذلك فإن تعدد الآلهه مع الله ما هي إلا صور إعتقادية أي أشياء يخلع عليها الإنسان تصوره في المرجو في الله فيكون التصور المخلوع علي الشئ هذا تصور لا ينبغي أن يكون إلا لله فيقع ما لله لهذا الشئ.

مثال/ تجد عند العرب الخوف و الرهبه و الرغبة و يرى هو أن الله هو الذي يفزع إليه عند الشدائد مثلا و لا يجد الله قريب منه ولا يجد الله قريب منه

فبسذاجه البداوة صنع شئ خلع عليه تصور ما لله ليحدث لديه إطمئنان و أعطاه ما لله من قداسة فكان الشئ هذا مثلا تمثال من حجارة أو من عجوة ليحدث له الإطمئنان بالقرب و سبب ذلك هو عجز الإنسان البدوي عن التصور الحقيقي للألوهية فيرى ما تبقى من دين إبراهيم عليه السلام دين إنقطع فيه صلة السماء بالأرض (الوحي) و بعد السماء عن الأرض و الضرورة ملحة لوجود الإطمئنان الإلـهي فأول من أبتدع ذلك هو (عمرو بن لحيّ) و هو من وجهاء العرب وقتها مسموع الكلمة شريف عندهم وجد تلك الفكرة عند أهل الشام و التي أخذوها أي الفكرة من الإعتقاد الروماني اليوناني حيث أن الشام كانت جزء من الإمبراطورية الرومانية وقتها.

وإذا ذهبت إلى عينة أهل (الرومان) لوجد الئ المماثل لا أحد ينكر وجود الله أنه فوق السماء حتى البقرة في بلادنا و أقاليمنا في الفلاحين في سوهاج أو المنوفية أو الدقهلية أو نحو ذلك إذا عطشت أو استعصى عليها شئ رفعت رأسها للسماء و أصدرت صوتاً و كذلك (اليونان) و كذلك (المصريين القدماء) حتى المجوس و الفرس عباد النار و حاجة الناس لصفات الله أن تكون موجودة بينهم بتصور يتمرد على التصور المعهود منذ بدء الخليقة أن الله الملك الذي في السماء و أنهم عبيد لله على الأرض و أن الأرض وضع فيها ما يفتن الناس عن الإعتقاد و الصور الذي أرادها الله مقدره منه سبحانه لهؤلاء العباد ولكن لبعد المسافات بين الوحي و الوحي

1. لتسلط الناس على الناس.
2. لحاجات الناس للتضامن معه.
3. لحل الألغاز الكونية.
4. للخوف من الغيب و المجهول.
5. لحاجات الناس للإطمئنان في ظل الدنيا الموحشة.
6. لإستبعاد و قهر البعض الأقوى للبعض الأضعف و الأدنى و حملهم على ما يرون من إعتقاد.

7. و /إنتبه لذلك خرجت الحلول البشرية لتحل محل ما أراده الإنسان بغير وحي و إذا جاء الوحي أول البعض ما جاء به الوحي علي ما صنعه إعتقادا

لذلك و ضع الإسلام المنزل شرطا لدخوله و هو هدم و إنكار بمعنى كفر لكل دين ثم الدخول في الشرط الثاني و هو إقامة تحقيق ما لله وحده على الأرض و بين الناس و بين الكائنات و الموجودات بالصورة و الشكل و المفهوم و المضمون الذي أنزله سبحانه محددا غير مسؤول و لا يحتمل إلا معنى واحد و جهل ما دونه منازعة له سبحانه و جعل الإنسان نزوله على الأرض خلفا للجن لتحقيق ذلك بين الموجودات و جعلها سبحانه مهمة خلق و سبب وجوده خلق به من الإمكانيات لتلك المهمة و جعل ذلك اسم **العبودية** وجعل من معايش الإنسان على الأرض نموذج يولد من ذلك لذلك كان من كل إعتقاد آخر وضعي أو منزل صنع الإنسان صوره و أشكاله كما ذكرنا من قبل نموذج للمعايش يخرج من تلك الإعتقاد فولد النظام الإقتصادي و الإجتماعي و القانوني مثلا لا حصراً من الإسلام

المنزل تشريع يحمل صفات الإلـه الواحد تحقيقا على الأرض بشكل و صور تتناسب مع صور و أشكال و مفاهيم الألوهيه المنزله في القرآن الكريم الذي يناسب كل عصر علمي بحثي زمني يحويه المفاهيم و القواعد الخاصة بالألوهيه و مفهوم الإلـه الواحد و التي تكون بمثابة الرسول المعد لكل زمن و لكل الناس لا يعلمون فتمسك البعض بصور غير عقائدية في القرون الوسطى و حبسوا أنفسهم عليها و البعض وجد ما وجد العرب في الجاهلية و المصريين القدماء و في جاهليتهم و الرومان القدماء و ما حزي حزوهم من اليونان و الفرس وجدوا أنهم يصنعوا لأنفسهم ما صنع قدمائهم و ظل القرآن المحفوظ المنزل و ما به من رسل لكل زمان على علمي بحثي و زمني لم يخرجوا بعد رسل عقائديه و ليست رسل أدميه.

و على ذلك أنتصر الكفر العقائدي القديم من الأمم على الأغلب إلا من رحم ربي فتجد صور بأسم :-

العلمانيين الإسلاميين – الديمقراطيين الإسلاميين و نحو ذلك

فتجد الإعتقاد في الله ثابت و الكل مؤمن بالله الواحد و كذلك العلماني المسيحي و الديمقراطي المسيحي و لكن أرجو مراجعة ما ذكرنا سالفا في إعتقاد الأمم خاصة العرب.

و المعلوم أن الناس كلهم و هم من أجل واحد يعبدون الله وحده حتى عندما قسم الناس إلى أمم و لكن لاحظ أن الإختلاف و المشكلة ليس في إعتقاد الناس أن الله هو الواحد و لكن المشكلة هي في تصور الإنسان في الله الواحد و جهل البعض بمفهوم معنى صور و أشكال الإلـــه الواحد لذلك فإن : (التصور للدين هو الدين)

أي أن :-

تصورك لدينك قد يتسرب إليك و يكون دينك فرؤيتك للإسلام هي الإسلام عندك و قد تكون عندك وخلاله و شطط و رؤية المرء المسيحي للإنجيل أو العقيدة المسيحية هي المسيحية لذلك قال النبي صلى الله عليه و سلم (لايؤمن أحدكم حتى يكون هواه تبعا لما جئت به) أي أن هواك و فهمك للدين هو ما جاء به النبي صلى الله عليه و سلم و ليس عرف الناس و لا عقلك الموروث و لا العادات و التقاليد فإنها محرفة من ديانات سابقة.

الفصل الثاني :

القومية في اللغة العربية من القوم و القوامة و االعصبة و العصبية.

و هي تعنى ما ينتمي إليه المرء من عصبات يشتركون في أصل واحد قد يكون هذا الأصل قرابة و قد يكون دين و قد يكون ثقافة و قد يكون مصير لذلك يعضض بعضهم بعض و يقوم و يطلع و يعين بعضهم و ينصر بعضهم بعض و يقوي بعضهم بعض لذلك تعني (قومية) و قوم و عشيرة و قبيلة و دولة و أمة.

ففي المكان كالعرب و هم سكان الصحراء قبل الإسلام لا يشتركون في مصير واحد فكل قبيلة غير الأخرى و تغير على الأخرى و تسبي الأخرى و تأكل الأخرى و لا يشتركون في أصل واحد فهناك (عرب إسماعيل) و هناك عرب القحتانيين و عرب العاربة و عرب المستعربة و عرب البائدة و كل من سكن الصحراء و اشتغل بالرعي و طلب الماء يسمى (عرب و عرب) و لكن لإشتراكهم في بيئة متشابهه و لغة متشابهه إلى حد ما فهناك لغة العرب الحجازية و لغة التمام و لغة النقص و كثير مما لا يشكل لهم قومية و لكن تجمعهم أخلاقيات الصحراء البيئية الواحدة فيقول العربي وقتها للعربي (أخ العرب) و الأخ يعني في اللغة التآلف و التعارف و التراحم فيقول الله تعالى (و اذكر أخا عاد) يعني المتآلف و المتعارف أنه مجموع معهم في قومية عاد كذلك في القبيلة أي الإنتماء الفيلي الواحد المتكون من عدة عشائر و المتكونة من عدة أسر فتجد (قريش) بن عدنان و بنى أمية و بني عبد الدار و بني كذا و بني كذا فتجد الجميع يجمعهم أصل واحد بني عدنان فيسمى الجميع بالقومية القبلية وعلى فهم القومية يجب تعريف بعض المفاهيم عن الأمة و التي هي قوام القومية فقد ذهب

الفليسوف السياسي و الفقيه (RENAN) أن الأمة هي النفس البشرية و هي مبدأ روحي في إرادة الحياه المشتركة و الجماعية.

و سوف تجد أن التعريفات الشهيرة لمعنى الأمة العلمي و التاريخي لن تخرج عن عناصر/ الجنس و اللغة و الدين و المصالح المشتركة و كذلك الماضي المشترك و كذلك المصير.

فالنظرية الألمانية مثلا في الماضي كانت تصور مفهوم الأمة لا يخرج عن الجنس و الأجناس و ذلك حتى عام 1945م أي بعد إنقضاء الحرب العالمية و هزيمة ألمانيا و كانت تعتقد و حتى الآن بعض الأوربيون يعتقدون أن الجنس الأري هو الجنس الأرقى لذلك فإن له خصائص دون غيره و أن هناك الجنس السامي التي يرى البعض أنه جنس أدنى من الأري لذلك الواجب أن له خصائص أدنى و أدنى جنس يرونه هو الجنس (المونون) و على ذلك فإن نظرية القومية و الأمة تقوم عند البعض على أسس أسميها أنا في كتابي الثاني (عبيد لا يحررها قيود) و قد تصور أصحاب هذا التصور أنهم من أصل واحد و الحقيقة أن هذا التصور المريض العنصري المفتقد لأقل أدوات البحث العلمي يتسرب لبعض الجهلاء من العالم الثالث رغم تبرئ أوربا منه و محاولتها هدم ذلك الفكر و الإعتقاد و الذي هو عصب الحياه في الجاهلية الأولى.

و الحقيقة فإن هذا الإعتقاد بين الشعوب بعضها لبعض و الدول بعضها لبعض بل الشعب الواحد بعضه لبعض و مع ذلك فإن النظرية الفرنسية لمفهوم الأمة مفهوم فرد أي أفراد المجتمع في الإرادة و الرغبة الجماعية في العيش كجماعة مشتركة بينها رابطة اللغة و الدين و التاريخ الذي تصنعه الجماعة و يزيد على ذلك المصالح الإقتصادية المشتركة و بهذا المفهوم و المبدأ ولد الإتحاد الأوربي كإتحاد له مصالح و مصير واحد مشترك رغم أن المفهوم الماركسي للأمة يندرج تحت المفهوم الإقتصادي كعنصر أساسي و وحيد لكوين ما يعرف بالأمة.

أما في الإسلام المنزل فقد سبق مفاهيم الأوربيون عن الأمة حيث قال الله تعالى (و لتكن منكم أمة يدعون إلى الخير و يأمرون بالمعروف و ينهون عن المنكر .. الآيه) آل عمران فتعني الأمة في نظر الإسلام اسم أولا يدل على تكوين جديد و ميلاد جديد يجب ما قبله من مفاهيم و إعتقادات فعن الاسم فكان قبل الإسلام

يسمى المرء المنتمي لقومية أخرى (عربي) نسبة لسكان الصحراء أو (يوناني) نسبة لليونان أو (روماني) نسبة للرومان أو نحو ذلك مثل (أفريقي) نسبة لقارة أفريقيا مثلا و لكن بعد الإسلام كان الميلاد الجديد للأمة الجديدة التي أثبت معها بالقرآن الكريم و هو من مفاهيمه مجموعة المفاهيم التي بها يستبدل الجهل بالعلم و الخرافه بالحقيقة فبدأ بإستبدال الاسم فقال (هو سماكم المسلمين من قبل ... الآيه).

فاستبدل عربي ساكن الصحراء بالمسلم الذي يصنع الحضارة و كان من الأوقات بعد إسلام المرء أن يرتد للصحراء بدويا ذلك أن الإسلام جاء لإخراج الناس من جهلات و خرافات و عقائد مصطنعة لآلهه صنعتها حاجتهم لميلاد جديد يتعامل معه مفاهيم جديدة و معاني تجعل من المخلوق إنساناً ثم تجعل منه مكتشف للحقائق المنزلة مؤمن بالرب الواحد الذي لا شريك له تبين ما هي الرب الإلـــه الذي لا يصح أن تذهب لغيره تصورا أو حقيقة و ماهيه العبد ثم العلاقة بين العبد و الرب ثم العلاقة بين الإنسان و الموجودات و العلاقة و المحاكاة بين الإنسان و المجتمع و كيف يصنع دولة و أمة.

و إذا كان أساس الأمة في أوربا هي الجنس و معارك بين العنصرية و الحرية و المساواه و ذلك عندما وضعت الأمم المتحدة المادة الأولى من الإعلان العالمي لحقوق الإنسان و المواطن و نصه (أن المواطنين يولدون أحرارا و يظلون كذلك و أنهم متساوون في الحقوق) فإن القرآن المنزل من خالق الإنسان لإخراج الناس من ظلال عبودية الآلهه المصورة قال (إن أكرمكم عند الله أتقاكم) و ليس أكرمكم هو الجنس الأري الذي صنعته تصوراتكم و رغباتكم في تمييز بعضكم على بعض للذه الغريزية التي تصاحب المخلوقات دون الإنسان في التفوق لا يسمح لأحد المزاحمة فيه و لقوله (إنا خلقناكم من نفس واحدة) و لقوله صلى الله عليه و سلم أي النبي محمد (كلكم من آدم و آدم من تراب) و لأنه صلى الله عليه و سلم جاء برسالة منزلة تقرر حقيقة الناس من رب الناس فلم يميز جنس على جنس حتى و لو أراد تمييز الجنس العربي و لكنه صلى الله عليه و سلم أقر الحقيقة و قال (و فضل عربي على عجمي و لا أبيض على أسود و لا أسود على أبيض ... الحديث).

و في إقرار العدالة و المساواة و عدم الظلم و المحافظة على حقوق رب العباد بين العباد و المحافظة على حقوق العباد بين العباد فكان ذلك الخير المنشود في العدالة و المساواه ذلك بعدما اقر وضع القرآن الكريم الحقائق حقيقة الرجل و حقيقة الأثر حقيقة الحاكم و المحكوم حقيقة الأجناس و الخلق حقيقة العدالة و أوضح مفاهيم الظلم صراحة و وضع و أوضح (ماهية الإلـــه) الواحد الذي لا يصح أن تذهب لأحد مهما علا كعبه و بعدما وضع مفاهيم الألوهيه و الربوبية و بعد وضع قواعد عامة لذلك (للمؤلف الجزء الأول في قواعد الألوهيه و التوحيد للفحص لدى علماء المملكة العربية السعودية) قال القرآن الكريم محافظ على تلك الحقوق و الواجبات نحو الرب ثم نحو الفرد و المجتمع قال مادح للأمة الإسلامية التي تأتي بشروط الإسلام علما و حقيقة و بحثا و تعلما (ذلك بأن إسلام الجاهل بالإسلام عقيدة منزلة و توحيد مدروس على علم إسلامه مردود حيث أنك تؤمن بشئ أنت لا تعرفه كالذي يقال له مهندس و هو لا يعرف حتى أين تقع تلك الكلية فهل يصبح ذلك الجاهل مهندس ؟!!؟).

قال الله تعالى (كنتم خير أمة أخرجت للناس تأمرون بالمعروف و تنهون عن المنكر و تؤمنون بالله ... الآيه) آل عمران.

الفصل

<u>لقد وضعت أمريكا و أوروبا لنفسها أفضليه وهى :</u>

المحافظة على حقوق الأقليات وحمايتها من الأكثرية ، وحماية الضعيف ، والمحافظة على الحريات ، والمساواة ، وعدم العنصرية ونحو ذلك مما ذكرنا ، وهذا عمل مما تراه عمل جليل يؤكد على رقى جنسهم ورقى حضارتهم لذلك إستحقوا قيادة العالم حيث أن الوصايا من أصحاب العقول السليمة الراشدة هو على العقول التى يقولن عليها عقول أطفال هم يقولن ذلك وهذا منطقى طبعاً ولأن الحقوق والمساواة وعدم العنصرية من نتائج فروض وليست مقدمات أى شئ يبنى على شئ يخرج منه فما الذى أمنت به أمريكا وأوروبا كشئ مطلق وبالطبع إما يكون هذا الشئ دى وضحى أو دين ضلال كما أسلفنا من قبل فهذا الدين الوضحى الذى أمنت به أمريكا وأوروبا هى الديمقراطية القديمة (اليونانية الأصل) ثم عدلت بحر تمرد وأصحاب العقل الحر على الكذبة وأصحاب العقل الحر هم علماء البحث العلمى أمثال (لنكون) والعلماء المشتغلين على مجالات على مفاهيم البحث العلمى وكالمتخصصين المشتغلين على النتائج البحتية للعلماء والمشتغلين بمجالات على مفاهيم البحث العلمى والحقيقة أن التمرد على الكنيسة كان ضرورى وذلك لأشياء ليس هذا مجاله والجدير بالذكر أن كثير من العلماء والمكتشفين هم من أبناء الكنيسة الكاثوليكية وهذا يوضح أن الكنيسة نفسها بعد صراعها مع أصحاب البحث العلمى وهزيمتها من المعلوم تاريخياً ومنطقياً إتباع المهزوم للمنتصر رغم المصالحة بين الكنيسة وأصحاب البحث العلمى وأن لكل إختصاصه كما فعلت اليونان قديماً مع آلهتهم

ورجالها من ناحيه ورجال البحث والعقل من ناحية فولدت الديمقراطية القديمة كان ميلاد الديمقراطية الحديثة وجعل الكنيسة ورجالها من إختصاص وضع مصطلح (العلمانية) والإثنين تجمعهم الديمقراطية الحديثة وعلى ذلك وضع مفهوم الأمة ووضع مفهوم القومية ومنها أسست ملامح المفاهيم العدة من حريات ومساواة وعنصرية وعلى تلك الأسس تؤسس عليها عقيدة فهم النفس والمجتمع ورؤية العالم بل وهى تحارب العنصرية ولم تلتفت أن فى مفهومها أن غير ما تتهمه وتعتقد فهمه أقل مرتبه منها وأنها الجنس الأرقى وعلى ذلك لا صوت يسمع ولا كلام يفهم فتعرض بالقوة مفاهيم العدالة والمساواة التى تراها هى .

لعل التبديد الأخلاقى لذلك أن الطيب قد يعطى المريض دواء بالغ المرارة فيرفض فيفرض الطبيب على المريض القوة لأخذ الدواء ومن هناك كانت الوصايا الأمريكية على دول العالم الثالث وكذلك بعض دول أوروبا ولعل ذلك يبرر معنى المساواة فى سجل الأمن والأمم المتحدة من خصائص (الفيتو) ولكن يكتمل لدينا مفهوم القومية يجب أن نعلم ما هى الدولة :-

الـدولـة

ولتعلم أن المفهوم الحقيقي للدولة مرتبط بمفهوم الحضارة الإنسانية لكل دولة ومن ثم فلأمة لكى تفهم القومية لذلك فإن ملخص معنى الحضارة يعنى :-

للحضارة صور متعددة ولكن من معانيها هو أن الحضارة من حضر أى آتى ويأنه وجاء والحضارة فى العرف الإسلامى يعنى الحضور والشهادة والحضارة من الحضر وهو ضد البداوه والقروية وتعنى من بان وظهر فى الإبداع أى ما يحمل صفات الإنسان فينتقل من إنسان متأثر بالبيئة من القروى والبدوى إلى إنسان صانع للبيئة ومؤثر هو فيها محقق بذلك الماهية الفطرية للإنسان لذلك كانت الحضارة فى الإسلام تبدأ من الشهادة وهى كما

ذكرنا من قبل تحديد القرآن عن طريق مفاهيم الألوهية المنزلة وقوالب الحقيقة التى تقرر (ما هو الرب الإله) والذى ليس كمثله شئ لا إنسان ولا شئ فبذلك يقرر بماذا يكون إلا له إله ويضع مفاهيم المخلوق فى الميلاد الأول فمن المخلوق فى الميلاد والثانى ليكون إنسان ثم يجرد علاقته بالموجودات والمجتمع فيطلق من هذا الذى تطلق أى القوالب التوحيدية والألوهية من النظرى إلى التطبيق والتصور الحقيقي (لله) التى وضعها القرآن لكل زمان على زمن كل جزء مخصص لزمنه من هذا المنطلق حدد رؤية العالم للإنسان فكان تأسيس أعظم حضارة بحث علمى فى التاريخ .

والحقيقة أن السبب فى الحضارة الأمريكية والأوروبية وإستمرارها هى أن هذه الدول أعطت زمام دولها لمفاهيم البحث العلمى وجعلت من علماؤها حراس عليها وأستفادت هى من تلك الثمره من تأسيس دولة ودول بهذا الشكل التقدمى وإذا كان هناك تباين فى كثير منم النواحى بين التواعد والمفاهيم للبحث العلمى المؤسس عليها هذه الدول وحراسها من العلماء وبين الساسه من ناحيه وحتى بعض الناس من الشعوب من يسكن تلك البلاد هو أن الساسة من ناحيه وحتى بعض البحث العلمى الإجتماعى أى الخاص بالحياة الإجتماعية والإقتصادية والقانونية وعلى ذلك تحدد مفاهيمها الثقافية والأراء والمعتقدات فى الصواب والخطأ بينها وبين الشعوب بينما نترك مفاهيم البحث العلمى التجريبي الطبيعى وتتمتع هى بما تفد عنه هذه المشاريع والقوالب فى تلك العلوم ويبين السياسيين أنهم هم الرؤساء ماسكى بزمام الأمور وفى الحقيقة أن العلماء التجريبي وعلماء البحث العلمى والبحث العلمى التجريبي الطبيعى هو فى الحقيقة أن العلماء التجريبي يمسك بزمام أمور هذه البلاد ويحدد هويتها وإتجاهها والدليل على صحة ذلك أن أوروبا الغربية كلها على نفس المنهج وتحقق النجاح وأن الناس والسياسين يقررون ما يريدون ويعرفوا كيفية إستثمار ذلك لصالحهم .

وإذا نظرت إلـى إسرائيل لوجدت نفس المـنهج إسـتثمار البحـث العلمـى لتأسـيس الأمـة اليهودية وسط ترحيب دولـى وإعجاب والجديد بـذكر أن إسرائيل أصبحت من أوائـل الـدول ذلك لأن العقلية اليهودية تعرف كيف تستفيد لصالح أمنها ودولتها فلا يملـى أحد عليها ثقافة أو ديانة وللعلم فإن إسرائيل جعلت لمن لا يعترف بالدولـة اليهوديـة كدولـة يهوديـة باللفظ عقوبة سنة سجن .

الـدولـة

إن الدولـة بمعناهـا يعتبروهـا العلمـاء والفقهـاء والسياسـيون أنهـا التطـور الطبيعـى لحـق المجتمع .

فالدولة يرجع مصدرها إلى الكلمة اللاتينية (Status) ولقد إستخدمت أول ما أستخدمت كلمة دولـة فـى عرف الفقهاء السياسيون فـى عصر النـهضـة الأوروبيـة وذلـك فـى القـرن السابع عشر الميلادى وتعنى (وحدة النظام السياسى) .

أما أول من إستخدم وحدة النظام السياسى بمعنى الدولـة كـان اليونـانيون وكـانوا يقولـون عليهـا (المدنيـة) (Pois) ويعنـى أن الدولـة هـى نتـاج الحضارة والمدنيـة ولا تنسـى أن النبى محمد صلى الله عليه وسلم عندما ذهب إلى يثرب غير إسمها إلـى (المدينـة) بـدلاً من يثرب وذلك إذاناً ببدء الحضارة الإسلامية على مفاهيم ما جاء من عقائد قرآنيـة وكـان المدينة لفظاً عرفت كناية عن الحضارة والتحضر .

أما الرومان فهم أول من سمى لفظ (الجمهورية) على الدولة بشكل عملى لكن أول من إستخدم لفـظ جمهوريـة كـان اليونـان وذكرهـا الفيلسـوف أفلاطـون فـى أحـد كتبـه بإسـم (الجمهورية) .

التحول : تحول لفظ (جمهوريـة) إلـى لفظ علـى يد (جان بودان) إلـى كلمـة (دولـة) وكتب شارحاً ذلك فـى كتبـه الستة وكـان من أوائـل مـن أستخدم ذلك المصطلح أى دولـة

بمعناها الحالى هو الفقيه السياسى (Mochivoel) وكان ذلك عام 1515 م وبعد ذلك إنتشرت كلمة (دولة) فى جميع أنحاء العالم وهى تعنى :-

أولاً : إنفصال الكيان الإجتماعى السياسى عن الخليقة فى عرف الدولة الإسلامية والملك فى عرف الدولة الأوروبية والسلطان عند من يحرف بذلك فكانت صلة الحاكم أو الخليفة أو السلطان أو الملك بالدولة (عذراً نستخدم ذلك المصطلح للتعريف فقط فى ذلك الحين) فبإنشاء الدولة بمعناها وشكلها الحديث يعنى إنفصال الكيان السياسى عن ذلك الحاكم وهذا الملك لذلك التعريف المبسط للدولة هو :-

- هى التشخيص القانونى لجماعة ماكينه من الناس يعيشون بصفه الدوام فى منطقة إقليمية محددة يخضعون لنظام سياسى معين يهدف من ذلك تحقيق أغراض إقتصادية وإجتماعية وسياسية محددة وتمارس السيادة بنوعيها الداخلية والخارجية وعلى ذلك فإن القومية هى :-

البلوره السياسية لمفهوم الأمة أى أن القومية هى حق الأمة فى التشكيل السياسي الذى يعبر عن وجودها .

فإن كانت الأمة هى مجموعة الروابط التى تربط مجموعة ما من الناس بينهم وحده أصل وجنس ودين ولغة وتاريخ ومستقبل ومصير فإن القومية هى التشكيل والقالب السياسى لمفهوم الأمة .

ملحوظة : أولاً : قد قرر الفقهاء السياسين قديماً وحديثاً فى أن الأمة (الأمة السوسرية) والتى تتكون من ثلاث (المانية تتحدث الألمانية) والثانية (فرنسية) تنطق بالفرنسية والثالثة (إيطالية) تتحدث الفرنسية والفلاندية .

ثانياً : لا يمنع تكوين الأمه إختلاف (الجنس) فالأمة (الأمريكية) خليط من أجناس عدة.

ثالثاً : عن حق أى أمه إقامة دولة تعبر عن كيانها بالشكل القانونى والسياسى فقد نص قانون الجنسية الموجود بالأمم المتحدة أنه (من حق أى أمه تكوين دولة وذلك لتعبر عنها بالشكل السياسى والقانونى ونحدد ماهيتها) .

رابعاً : 1- إن الأمة والتى تعبر عنها القومية فى الشكل الإجتماعى والدولة بالشكل القانونى والسياسى أن يكون بها أقليات وكانت معاهدة بارب الواقعة فى 30 مارس عام 1856م والتى أنهت الحرب (crime) وهذه حرب قدرات فى الفترة بين 1854 إلى 1855م بين فرنسا وبريطانيا العظمى وتركيا ضد روسيا وأنتهت بهزيمة روسيا وإبرام معاهدة باريس سنة 1856 م .

2- وكذلك أعيد ذلك فى مؤتمر السلام الذى أنعقد عقيب الحرب الكويبة الأولى 1919م ويمقتضى هذه المعاهدة من حق الأقليات :-

أ- حرية ممارسة العقيدة والديانة .

ب- المساواة فى الحقوق السياسية والمدنية .

ج- إستخدام اللغة القومية الخاصة بهم .

وكذلك فإن الركائز والأعمدة القومية هى :-

1- اللغة　　2- العقيدة الدينية　　3- التاريخ والماضى المشترك

4- المعالج المشتركة　　5- المصير الواحد　　6- الأصل الواحد أو التطور الطبيعى للتطور النوعى للأصل .

الباب الثانى

الفصل الأول

الديمقراطية

نشأة القومية العلمانية / نشاة العلمانية

النص الثانى

المسخ الأول الديمقراطية والعلمنه الإسلامية الأولى

المسخ الثانى الديمقراطية والإسلاميين

الديمقراطيين نشأه وإتجاه نحو السقوط

الـديـمقـراطيـة

كما أرضخنا من قبل أن النظام يعنى تشريع والتشريع فى اللغة يعنى الطريقة كما فى لسان العرب وعند لغات العرب المختلفة مثل لغة (التمام) ولغة (النقص) ولغة أهل الحجاز والطريقة فى اللغة والمقصود بها الشريعة فيقال عندما يضع المرء أو البعض أسلوب أو طريقة للوصول نبع الماء فيقال شريعة الماء أى الطريق أو الطريقة التى توصل للماء أو نبعه وعلى ذلك :-

فإن القومية تجمعها وتضع أساسها الأمة وأن القومية تحتاج إلى دولة تعبر عنها سياسياً وإجتماعياً وتشريعياً وقانونياً وإقتصادياً وثقافياً وكل هذا يعنى التعبير المباشر عن القومية والدولة تجعل لذلك الشكل القانونى والإصطلاحى لذلك الواجب :-

أولاً : أن تكون القوالب التشريعية لتلك المفردات الخاصة بالدولة قوالب تمثل مفردات وماهيه القومية وليست مفردات قومية أخرى مثال :-

إن القوالب القانونية والتشريعية فى مصر مثلاً قوالبها التى يشير فيها القوانين قوالب لازالت منذ زمن الإستعمار الإنجليزى لم تتغير ويعلم ذلك المشتغلون بالقانون بالبلاد ولم تتغير إذا فإن تلك القوالب القانونية تحل قومية غير القومية الوطنية .

ثانياً : أركان الدولة : والمقصود بها القوائم التى تقوم عليها الدولة مثل النظام القانونى ، النظام الإجتماعى ، النظام السياسى ، النظام الإقتصادى ويجب أن تكون هذه الأنظمة تحمل التشريع هذه الأنظمة تحمل التشريع الذى تحدده القومية وكل قومية خاصة ببلدها فيكون التشريع الخاص بتلك الأنظمة يبنى من لبنات القومية المصرية إذا كان ذلك بمصر أو القومية الفرنسية إذا كان ذلك بفرنسا أو القومية الأمريكية إذا كان ذلك بأمريكا .

ومخالفة ذلك يؤدى إلى :-

أولاً : يؤدى إلى ما كان يؤديه أى هدف إستعمارى لأى بلد من :-

1- ضياع الهوية القومية للشعب .

2- ضياع الشخصية لذلك البلد .

3- تعرض الأمن القومى للضياع حيث تكون البلد بلا شخصية أو قومية فتكون مثل بلاد بلا جيش عرضه للإحتلال من أى بلد أو أى جيش فتكون البلاد عرضه للإستغلال من أى بلد وتضير إمكانياتها لها بل تضيرها هى من أجل بلادها بالشكل الذى تراه .

4- ظهور ظاهرة الوطنية الفردية أى أن كل فرد فى الشعب لا يعدوا إنتمائه الا بعد من أسرته وأن ثراؤه على حساب الأخرين بل ويتحول البلد لخدمه الفرد بدل ما يكون فى الفرد فى خدمة البلد .

ثانياً : ضياع الإنتماء القومى للقومية الخاصة بالبلد .

ثالثاً : يجعل إنتماء الشعب لبلده مرتبط بإنشائه لبلد أخرى تأثيرها بالغ عليه .

رابعاً : يجعل المعايير الوطنية للبلاد مرتبطة بالمعايير التى تحدده الدولة صاحبه التأثير .

خامساً : يجعل من مصير البلاد معتمد على مصير وجود بعض البلاد الأخرى صاحبة التأثير عليه .

سادساً : ضياع هوية الفرد مع بلده ومع نفسه مما يجعل الفرد معرض لإختلال التوازن النظر لذلك لتصارع الثقافات التى هى آثار من آثر القوميات الأخرى داخل نفسه مما يجعل منه شخص لا يفى بالوعود وشخص لا يعى معنى المسئولية وأن المسئولية لديه إعتمادها على غيره سواء كان غيره هذا حكومه أو والده أو زوجته أو نحو ذلك .

سابعاً : إختلال المعايير القيمة فلا يدريها ولا يعقلها وإختلال لوجود المبادئ الثابته فلا شئ ثابت عنده فإن المبادئ والقيم لها معايير تخضع عنده لجلب المصالح تدور معها إينما كانت فالخبيث اليوم طيب غداً فالرجولة لها مسميات غير الرجولة تخضع لمعايير تضعها الشخصية الغير سوية لمجتمع ما وكذلك باقى المبادئ .

وأخيراً : الضعف الذهنى وهو لا يدرى وعلى ذلك فإن من بين الأنظمة والتشريعات نظام يخرج منه تشريع يستند إلى :

قومية كما شرحنا من قبل والقومية تحكمها أركانها التى يضعها دين منزل أو دين وضعى فنتكلم هنا عن الديمقراطية :-

فالمعلوم أن الديمقراطية لها مفهوم سياسى ومفهوم إجتماعى ومفهوم إقتصادى وكذلك سوف نتكلم عن ما لا يعرفه الكثير من الديمقراطيين الإسلاميين أو الديمقراطيين العلمانيين سواء مسلمين أو مسيحيون هو القومية التى تخرج منها ، وكذلك سوف نتكلم بإيجاز عن أى شئ تخرج أركان الديمقراطية وقوميتها من دين منزل أو دين وضعى وذلك لكى نترك البحث هو الذى يحرم ولكى نتعلم كلنا أن العلم قبل العمل والإعتناق لفكر أو دين فما أدراك بمن يموت على ذلك أو فداء ذلك ولكى نتعلم أن أول خطوه للخروج من أزمنه الخرافة هو معرفة الخرافة فمن الإعتراف بوجودها مسطير علينا ثم وضع أسس علمية للقضاء عليها ثم وضع أسس علميه لإحلال البحث العلمى محل عنها وكأساس المفاهيم حياتنا حتى لا تؤمن شئ وأنت تجهله ولست هنا بصدد توجيه بطريق على الأخر ليس هذا مذهبى ولكنى أضع بعين يديك المعرفة كافة تجهل ذلك أن تختار كما تشاء ومن على أى جنب تشاء .

الديمقراطية كمظهر سلوكى تحمل قومية وعقيدة ودين كأعتقاد

الديمقراطية كلمة ومصطلح يحمل بين طياته الشخصية والقومية التى يعبر عنها كنظام فهو مصطلح ذات أصل يونانى من مقطعين وهما كما يعرف الجميع (Demas) يعنى شعبى والثانى (Crotos) يعنى حكم أو حكومة أو دولة أو نحو ذلك فيكون معنى الديمقراطية (سياسياً) حكم الشعب أو حكومة الشعب أو دولة الشعب .

وقد نص أحد فقهاء السياسة الديمقراطية وقوانينها وهو مونيكيه فى كتابة روح القوانين (معذره أن أغلب بعض المفاضح تستند إلى فقهاء وساسيين من فرنسا وإنجلترا هذا لكونها هى أصل الديمقراطية الحديثة ، قال مونيكيه أن الديمقراطية هى إمتلاك الشعب السيادة والسلطة معاً) .

ففى أول نشأة الديمقراطية على يد اليونان كان يستبعد من الممارسة السياسية (النساء ، العبيد ، القصر) وكانت الممارسة السياسية قاصرة على الأحرار البالغين مع العلم بأن المستبعدين كانوا هم أغلبية هذا الشعب (الغريب أن من أبتدع ذلك النظام أى الديمقراطية نظريتهم لا يحاكى الواقع فالنظرية تقصد شئ وحقيقة النظرية شئ أخر فالجدير بذلك أن تكون النظرية بإسم الديمقراطية كما رأها ووضعها أصحابها أما المحاكاه الواقعية لذلك الموضوع يسمى بإسم أخر ، وأنا أرى مثلما كانت الشيوعية الأب وحنينها الإشتراكية كانت ناجحة فى أحضان أصحابها بمقياس النجاح تبعهم فإن المحاكاه فشلت فشل ذريع وتلاشت الديمقراطية وقبلت كالفكرة من صنع الإنسان ، هذا رغم أن ما فى الشيوعية والديمقراطية من بعض المميزات التى تتناسب مع الإنسان .

إنتشار الديمقراطية فى أوروبا وأعنى الديمقراطية الحديثة

ذلك كان فى القرن التاسع عشر وذلك بعدما إنتشر فى أوروبا من الديمقراطية فكرة الإقتراع العام بين المواطنين (Suffrage universal) وأول دولة تبنت الديمقراطية وأعطت النساء حق الديمقراطية كان ذلك عام 1869م فى أمريكا الشمالية ثم نيوزلندا

وذلك عام 1893م ثم أستراليا عام 1901م لم تسمح باقى الدول للنساء فى حق التصويت إلا بعد الحرب العالمية الأولى حيث أخذ حق الإنتخاب للنساء فى إنجلترا ثم الولايات المتحدة عام 1920م إلى أخر البلاد الأوروبية ثم بلاد الشرق مثل مصر وكان ذلك عام 1956م .

قوام الديمقراطية فى نظام الحكم

تقوم على فكرة المؤسسات فى نظام الحكم مثل :-

الحكومة ، البرلمان ، الأحزاب السياسية ، النقابات ، الجماعات التى لها تأثير على الأفراد والدولة ، الهيئة القضائية أنواع مباشرة الديمقراطية .

1- الديمقراطية المباشرة وهى التى يتولى الشعب فيها وبنفسه إدارة شئون البلاد دون وساطه أو نيابة فلا يوجد نواب عن الشعب بل يجتمع الشعب فى مكان واحد لمباشرة مهمام التشريع والتعمير بعض الوظائف والفصل فى بعض القضايا الهامة .

وهذا النظام كان مطبق فى الديمقراطية اليونانية القديمة ومن الدولة التى تطبق هذا النظام الآن (بعض المقاطعات بدولة سويسرا) فإن الشعب فى سويسرا هو الذى يجتمع ويقدر القوانين ، الضرائب ، المعاهدات .

الديمقراطية النيابية

وهذا النظام أول ما إبتدعه هم اليونان أيضاً بهذا الشكل حيث أنهم وجدوا عدم تفرغ الجميع لمسألة الإجتماع الدورى ومباشرة التشريع الشعبى خاصة الإصرار فبدأ فى البحث عن طريقة أن ينوب البعض عن البعض وقد قررت دساتير أوروبا ثم الدستور المصرى بعدهم نقلاً عنهم فى أن العضو :-

1- يمثل الأمة كلها وليست دائرته فقط وذلك فى دستور كلاً من :

الدستور الفرنسى عام 1791م والدستور البلجيكي عام 1831م والألمانى 1919م والمصرى 1923م .

الصورة الأخيرة للممارسة السياسية للديمقراطية هى : الديمقراطية شبه المباشرة

وهو النظام الوسط بين الديمقراطية المباشرة النيابية فيوجد به نظام مجلس نيابى منتخب وبجانب ذلك يشاركه الشعب فى بعض الإختصاصات الحيوية مثل :-

1- الإقتراع الشعبى 2- الإستفتاء الشعبى 3- الفيتو الشعبى

4- حق إقالة النائب 5- حل البرلمان 6- عزل رئيس الدولة

7- الفصل فى النزاع بين الحكومة والبرلمان .

فـــــصـــــل

1- بعد الدين الوضعى فى الديمقراطية .

2- بعد القومية فى الديمقراطية .

البعد الديني الوضعي في الديمقراطية

أولاً : بعد الدين القديم .

ثانياً : بعد الدين الحديث .

البعد القديم

فى الديانة اليونانية القديمة كانت آلهه اليونان القديم فى الدولة القديمة تختص بشئون الربوبية عندهم والأتوحيه وكذلك شئون التشريع للبشر وذلك قيبل إقرار مبدء الديمقراطية ، والديمقراطية كما يعلم منها تعنى حكم الشعب لنفسه .

وذلك عندما ضاق الفلاسفة والأمراء بتشريع وتدخل الآلهه عندهم فى ذلك فقد إجتمع بعض الأمراء والفلاسفة ومنهم الفيلسوف الذى ينسب له تشريع الديمقراطية الفيلسوف المادى مؤسس المذهب الإلحادى (ديمقراطس) وكانت فكرته هى :-

1- أن المادة قديمة وهى مركبة من أجزاء لا تتجزأ وهذه الأجزاء أو الذرات دائمه التحرك فى الفضاء اللانهائى ومن إجتماعها تتكون الأجسام وبأفتراقها تفنى وهكذا أستمر الأمر من الأزل وسيبقى إلى الأبد بدون غاية ولا هدف إنها الأزليه البحته (وهى تتناسب أو تتقابل بوجه أو بأخر مع الحتميه والسببيه .

العمود الثانى للديانة المرتكزة عليها الديمقراطية القديمة قبل تحديثها فى زماننا هو عمود الحكماء السبعة .

وهؤلاء يمثلون مرحلة متوسطة بين هزيود وبين ظهور الفلسفة والعلم الطبيعى حاولوا إخراج التأثير الدينى القديم على التشريع وقد بنى كل واحد منهم فلسفة دينية مستخلصة

من الديانة العامة كى يرتكز عليها تشريعة السياسى حتى تعطى للديمقراطية الوليدة الشكل والمضمون اليأس المتخصص بعيداً عن تدخل الآلهه عندهم .

وأن الحكماء السبعة المعنيين بينكم طالب وسولون المشرع اليونانى الأشهر فإن هؤلاء الحكماء على قدر قول المؤرخين أنهم كانوا متأثرون بالمحيط الثقافى الذى يعيشون فيه وهذا يعنى الصبغة القومية المعبرة لديهم أما الصبغة الدينية التى نحن بصددها قال المؤرخون أن أفكارهم السياسية كانت مرتبطة إرتباط دقيق بمعبد الألهه وهو (أبولون) فى دلفى وقد ذكر أفلاطون أن الحكماء السبعة قد أهدوا مجموعة حكمهم إلى معبد دلفى المذكور وكان من أراء كبير الحكماء السبعة وهو طالب :-

(كل شئ مملؤ بالألهة) عن كتاب النفس لأرسطو

وكان من عقائد الشعوب القديمة الإعتقاد فى الله الواحد ولكن بتعدد الأسباب تتعدد صور الأله الواحد فى صور ألهه متعددة تنفى عقيدة الآلة الواحد على وجهه الحقيقة ولكن تجعلها عندهم أى عقيدة الآله الواحد عقيدة مركزية لتعدد الألهة للإله الواحد كما سبق وشرحنا فيتعجب صاحب عقيدة تعدد الآله يتعجب لو قلت له أنك أشركت مع الإله الواحد أو أنك مشرك أو إنك كفرت حق الله الواحد فى نفس التعدد له يتعجب ويغضب لذلك أرسل الله الرسل للتصحيح ثم يحدث الإنحراف ثانياً للأسباب السالف ذكرها وعلى ذلك تتابع الرسل ولكن المقصود هنا هو محاكاه الشعوب عقائدياً لبعضها البعض بعد التفريط فى الأصول الثابتة فى عقيدة الرسل وثبات أصل المفهوم فكانت الألهه عندهم متعاليه على البشر وفى نفس الوقت تقبل القرابين وكان عندهم الإختلاط بين الألهه والبشر فى المفاهيم مسموح بل من عصب الثقافة فتصوروا أن اقليدس مثلاً نصفه بشر ونصفه إله واحد له فخذ من مذهب وأن الطقوس الدينية عند الإغريق شعرائهم (هولدرلين) أن الألهه كانت تكتب وعيها بذاتها عند نداء الإنسان بها وعندهم حقيقة الألهه لا تكتمل

بدون الإنسان كذلك لا يجد الإنسان إنسانيته إلا عندما يرتفع إلى الألهه (هكذا تجد كيف يصنع الإنسان إله ثم يعبده ليحقق فيه ما يريد وليجد فيه ما يفتقد إليه كالذى يخبئ غذاءه ثم يبحث عنه ثم يجده ثم يتصور أن هذا الغذاء فيصر من المكان ليقدس المكان وعلى ذلك تصور كل من جعل لله صور وأشكال ومفاهيم تحدث فى أشكال أو معتقدات غير منزله تسمى آلهه .

والملاحظ هنا تداخل الأديان القديمة للشعوب القديمة مع بعضها البعض مثل بعض المعتقدات المصرية القديمة وتأثيرها على المعتقدات اليونانية والعكس وكذلك العقائد السومارية والتى تسمى أم الحضارات القديمة وكذلك تأثير الأديان المنزلة بعد طوال غياب الوحى عنها وحاجة الإنسان كما ذكرنا لذلك الجزء الأهم والأكبر ثم القهر أى إرغام قوة بشعب على موافقتها على عقائد شعبها حيث أن العقيدة هى السلوك العملى بالإنسان ومحاكاته مع بيئته فلا يسمح لتلك الفئة المستضعفه بغير الموافقة من قبل السلطة القاهرة من التاريخ يفعل فعلته فتحول اللاعقائد إلى عادات فى عقائد .

مثال : كان الفرس قبل (زراوتن) يعبدون أرواح أباؤهم وكانوا يعبدون الحيوان والأرض والشمس والنار وكان كبير الألهه عندهم هو الإله (مترا) إله الشمس والأم (أنيتا) ألهه الخصب والإبن (هوما) الثور المقدس عند المصريين القدماء ولاسيما (أخناتون) إله الشمس عند المصريين وكذلك الثالوث المصرى القديم (إزيكي) (أوزوريس) و (حوريس) يقابله وثالوث السومارى نسبة للحضارة السومارية (شمس) و (شتار) و (نتار) وثالوث (زيوس) و (أوتميس) و (أبوللو) عند اليونانيين القدماء فتجد فلسفة العبادات تؤكد لك ما ذكرته لك من حاجات الإنسان لذلك فى أول الكتاب وأن المعبودات إختراع من الإنسان لحاجات الإنسان وأن الحضارات والشعوب كيف لا تختلف الفكر العقائدى لديهم رغم إختلاف المسمى وقد تأثرت العقائد المنزله بذلك فتجد فى المسيحية عقيده الثالوث والتى لم يتكلم عنها الإنجيل مطلقاً وأنها ولدت بفعل الإضطهاد والذى وقع

على المسيحين من الرومان المتنصره وعلى رأسهم (قسطنطين) الأمبراطور وكيف حدث وليس بحاله الأمر وقته ذلك الثالوث على يد (جمى) وغيره من الأباطرة والقساوسة فى إقرار أو ما يسمى (بإقرار القانون الكنسى) مابين المسيح من ذلك !! وقد أنكرت الثالوث الرومانى اليونانى المذكور سابقاً والثالوث المسيحي .

وكيف تأثر المسلمون أيضاً بعقائد الأمم السابقة التى توضح حضور الألهه عند اليونان وغيرهم لتسير أمور البشر فتجد أن بعض طوائف المسلمين يتصورون حضور (الحسين والسيد البدوى ، الرفاعى ، الجيلانى) ويسمى ذلك الديوان عندهم كل سنة ينظروا فى أمور الخلقه والكون .

وكما كان (حور محب) من أهم مشرعى للقوانين المصرية القديمة جاعل من العقيدة فى الألهة مرجعية له وألهام وعند اليونان كان المشرع الأكبر لهم وهو (سولون) و (ديمقراطى) وهكذا فإن الدين سواء الوضعى أو المنزل هو ركيزه الشعوب فى التشريع وعلى ذلك كان إرسال الرسل ودور الأنبياء فإنهم لم يكتفوا بإرجاع الناس إلى التوحيد الحقيقي لله الواحد الأحد الذى لا شبيه له ولا ولد وليس كمثله شئ بل بلغ الرسل أن التشريعات الحياتيه المنزله هى من إختصاص توحيد الألوهيه وذلك فى قوله (شرع لكم من الدين ما وصى به نوحا .. الأيه) .

بعد الدين الحديث فى الديمقراطية الحديثة

إن الفكر الديمقراطى الحديث هو التطور الطبيعى المحاكى للتطور فى الحضارات الحديثة وإن التطور فى الديانات القديمة أفرز وأفرغ ديانات وضعيه تحاكى وضعيه الإنسان الحديث حيث أن الإنسان القديم كان يرتكز لمفاهيم الألهه الدينية آلهه الوهم فتمرد الإنسان على ذلك وجعل من تمرده سواء على الديانات الأسطورية أو الديانات الكنسية وذلك لتجاوبها مع حاجات وإختصار الإنسان بل ومع الحقائق العلمية التى حلت محل

التشريع عندهم فإن هذا التصادم نتج عنه إستلام الديانات للإنسان ثم فحلت الفلسفات الوضعية والإجتماعية محل الأديان ثم حل البحث العلمى محل الفلسفات ثم أصبح البحث العلمى وسيله للفلسفه التجريبية ثم أصبح الإنسان ذاته محل الألهه القديمة عن طريق (البرجماتيه) و(الوجودية) و(الإكتشافات العلمية والنظريات الخاصة بالبحث العلمى) هى التى عليها أسست (البرجماتيه) و(الوجودية) وباقى التصورات والمفاهيم الأنظمة السياسية هى كما أثبتت والتى تشكل الدولة هى الصياغة القانونية للأمة القومية فإن الأنظمة مثل (الديمقراطية ، الشيوعية ، الإشتراكية ، الليبرالية) هى التجسيد القانونى والشكل السياسى لتلك المفاهيم التى أسستها الفلسفات العلمية والخبرات العربية بين الكنيسة من ناحية وبين الإنسان والتطور من ناحيه ومحاولة تصدير الديمقراطية لبلاد الإسلام وتزعم بعض المستشرقين وبعض الرواد فى تلك البلاد بدور البطولة لهذا الدور متجاهلين أن الدين هو مؤسس القومية وأن الدولة هى سفيرة تلك القومية وأن ما يفعله هؤلاء بمثابة الحرب على القومية الوطنية ومن ثم على الدين وإحلال محله .

إنتصار للقوميات الأجنبية على القومية الوطنية
(القومية فى الديمقراطية)

كما علمنا من قبل من مفاهيم القومية والتى تقوم على الدين سواء منزل أو وضعى فإنها تمثل أى القومية .

ولقد ذكرنا من قبل أن الديمقراطية وهى القالب القانونى تحديداً والسياسى تشريعاً مكون شكل الدولة التى تحوى مضمون الأمة ومفهوم القومية كانت هذه الديمقراطية ترتكز على مفاهيم دينية وضعية فى الحضارة القديمة أو فى المجتمع اليونانى القديم وأن هناك تطور حدث بظهور البحث العلمى الحديث والتصادم مع الكنيسة وكذلك التصادم مع الديانات القديمة سواء المنزله أو الوضعية على أنها مجرد خرافة أو أسطورة وأن الواقع والواقعية والموضوعية والحقيقة فى الوجود والأشياء التى أقرها البحث العلمى يتعارض مع المفاهيم

الدينية عند أصحاب الديانة القديمة وكذلك الكنيسة الحديثة وبإنتصار المذاهب اللادينية الغير منزله بدأت تصور ديناً جديداً بديلاً فجعلت من الدين (الكنيسة) المستبدله بالديانات الأوروبية وغيرها غداً الإسلامية جعلت بعد هدم ذلك الكيان تأسيس دين تشاركى جديد فحواه العلوم الوضعية الإجتماعية على أن تسلم الكنيسة بذلك الدين لأهل الدين وأن الكنيسة تكون للشعائر (الصلوات – المواعظ – الجنائز – الزواج – الفصل الدينى فى الملـه) وأن يعترف كلاً منهم للأخر وهذا لا غرابه فيه حيث أن المسيحية كما تقول مؤرخو فلسفه الحضارات إذا كان القانون يحدد شكل الدولة فإن الدين يؤثر فى هذا الشكل فيقول الفيلسوف الوضعى (هيجل) :-

إن الدولة الدينية لا تتجاوز (مرحلة القبيلة والحالة البترويبيركيه) هو يعبر بشكل بقوله الدينية عن صراع الدين المسيحي مع الفكر الوضعى القائم على البحث العلمى التجريبي كما أن مؤرخوا الحضارات قالوا رغم ذلك فقد ظلت الحضارة الأوروبية قبل عصر النهضة وأثناءه تجعل من الملك خليفة لله على الأرض (ذلك فإن مصطلح الدولة الدينية نشأ مواكب عصر النهضة الأوروبية علماً بأن ذلك مخالف إصطلاحاً وعملاً عن الدولة الإسلامية التى تعارض ما يسمى بالدولة الكهنوتيه او الدينية فضلاً عن تحريم ما يقال خليفة لله أو ظل الله فإن من يعتقد ذلك فى العقيدة الإسلامية المنزلة يخالف تلك العقيدة بالكلية حيث أن فلان الله تعنى نائب لله أو بديلاً عنه هكذا تقول لغة القرآن لذلك من يعتقد ذلك فقد المفهوم الأصلى للإسلام) ويقول الفلاسفة والمؤرخون بالرغم من أن المسيحية تفرض من السلطة الدينية والسلطة الدنيوية ولكن الفرق هذا كان فى الشكل فقط أما فى العمل كانت الكنيسة مسيطرة على شئون الحكم والدولة وكذلك العلم والعلماء مع ذلك فإن الحضارات القديمة كانت تعطى الدولة صفه دينية والحاكم سلطة دينية يعنى يستمد سلطته من الدين الذى تقوم عليه قومية الدولة .

ولا شك أن الصدمة فى الدين المسيحي فى أوروبا والديانات القديمة حيث أسموها بالأسطورية كانت صدمه حين بدأت تنكشف الحقائق لدى الناس أن ما كانوا عليه من علوم كنيسة أى تقرها وتتبناها الكنيسة وتجعلها مقدسه وتجعلها عقائدية مثل الإعتقاد وفى (أرسطو) وتعاليه ونظرياته وأن الخروج عليه كفروا نشأت صدمه فى الإعتقاد وذاته جعلت من أصحاب الفتح الجديد يشرعوا فى تأسيس بديل حقيقي لذلك مما يعنى بديل قومى لهم فنشأ بذلك البديل القومى الجديد فأكتشفت العلمانية بأنواعها لتكون دين جديد ومن الطبيعى أن ينشأ قومية الجديد لأمم أمريكية وأوروبية فيتكون بذلك الرباعى المعروف الدين والأمة والقومية والدولة وشكل منظور عصرى للدولة تمنح لها كيان حقيقى فعال تؤسس عليه حضارة قوية لا تقارن بالحضارة القديمة يكون الإنسان هو عصبها (فكانت الليبرالية) والفرق بين القومية القديمة والجديدة لأوروبا ما هى إلا تطور فى المضمون ولكن الشكل كما هو حيث أن الشكل يحدد وجود الأمة لكن المضون يحدد هويتها وقوميتها يقول (هيجل) (تلك لحظة هامة فى تاريخ الشعوب يعلو فيها الفكر والروح على الواقع ويحاول فيها الروح الوطنى القومى أن يدرك ذاته) أن القومية تعنى من مفاهيمها العده أنها تعنى الإنتماء لها شرحاً فى أول البحث من قومية فكانت أوروبا تؤسس قومية جديدة وليدة لقومية قديمة لتكون الإمتداد العلمى والواقعى والتاريخي لأسهم وأجيالهم لقومية كانت تحتاج التجديد لذلك ظهرت العلمانية الحديثة لتحل محل الدين القديم ولتضع مفاهيم الليبرالية تاره والجماعية تاره لتحدد شكل الدولة لتكون الدولة هى (الديمقراطية) الحديثة .

القومية العلمانية

<u>والقومية العلمانية تتكون من عنصرين :–</u>

الأول : مفاهيم العلمانية الحديثة .

الثانى : الشكل القومى للعلمانية القومية .

والمتفق عليه كقاعدة تدرس فى الجامعات الأوروبية هو أن :

(الديمقراطية تتكون من : 1- العلمانية   2- العدالـة الإجتماعيـة   3- الليبراليـة)
وهذا ما أسميه (بالقومية العلمانية لكونـه يحمل عناصر القومية التى سبق شرحها فى
أول البحث) .

<u>أولاً : مفاهيم العلمانية الحديثة :</u>

العلمانيـة (Secuidyity) وهذا المصطلح مشتق من كلمـه (seculoy) وهى مرادفه
لكلمـة (umreliyous) وهى تعنـى بالعربيـة اللادينـى أو الغير عقائـدى والحقيقـة عند
تحرى الدقة فهى تعنى اللادينى منزل وليس اللادينى على الإطلاق لأن العلمانية هى فى
حد ذاتها تأسيس دين كنا سوف نرى فى الأوراق القادمـة فى البحث أو الكتاب ولسبب
آخر أنه ليس هناك ما يسمى اللادينى حتى الملحد سنرى .

فالعلم هو : إدراك الشئ بحقيقتـه وتعلم : أى أتقن وعرف والمتعالم : المتظاهر بـالعلم
والعالم : الخلـق كلـه مـن إنسان وحيوان ونبـات وجمـع عـالم : عوالم وكذلك عـالمون
والعلاَم/هو كثير العلم وكذلك علاَمـه ونمـاذج منهج معين وتنتهى إلى بعض النظريات
والقوانين مثل علم الزراعة / علم الفلك .

العلمـانى يعنى فى لسان العرب : عند الغرب الأوروبى / من يعنى بشئون الدنيا نسبة
للعلم بمعنى العالم وهو خلاف للكهنوتى .

<u>أما المعانى الإصطلاحية والجوهرية للعلمانية فهى :-</u>

1- رفع شعار العلم فوق الجميع .

2- العلمانية تعنى التفريق بين الدين المنزل والعلم المكتشف والوضعى حيث ان الثانى أصدق من الأول على العموم وأن الأول واجب الخضوع للثانى للتوجيه الفقهى إحصائية بحتيه فى أمريكا من جريدة أمريكيه فوجدت الجريدة أن عدد الأطباء بأمريكا الـذين يؤمنون بالله من الأصل 76% وأن 24% لا يؤمنون بوجود الله .

<u>وللعلمانية مرحلتين :-</u>

الأولى : هى عند نشأتها وخلافاتها مع الدين وإنتصارها علـى الكنيسـة وبعد أن ضحت الحرب أوزارها كانت الإتقان مشروط الإستسـلام أن تعنى الكنيسـة بشئون خاصـة مثل (الصلوات – الجنائز – والزواج والطلاق – والوعظ) وأن القسم الأخر وهى العلمانيـة لـها النصف الثانى من الدين وهو التشريع لشئون الحياه مثلما كانت الديمقراطية قديماً فـى اليونان فإن أعمال الألهه مناصفه بين الألهه عند اليونان والبشر ونشـأه الديمقراطية (لـذلك قلنـا أن الـدين الجديد والمؤسس للقوميـة الحديثـة فى أوروبا هـو إمتداد للقوميـة القديمة) .

وهذه المرحلـة للعلمانيـة مـا هـى إلا مرحلـة لإلتقاط الأنفاس ولتأسيس نـوع من العقيـدة الجديـدة التـى تقـوم علـى البحـث العلمـى الطبيعـى التجريبي كأسـاس والبحـث العلمـى الإجتماعى المتمثل فى الناتج الفلسفى للبحث العلمى الطبيعى التجريبي مثل : البرجماتيه ، الوجودية من سبل المثالث فالأولى لشكل العالم وصلته بالله والإنسان والثانية للتشريع لما ينتج عنه الأصل والأساس .

المرحلـة الثانيـة : هـى الإستبدال الكامـل الـدين المنزل سـواء الكنس أو غيره بالعلمانيـة ويكون الإنسان هو الإله كما فى المذاهب الوضحية المتقدمة فإذا كان الدين المنزل يجرد علاقة العبد أى الإنسان بالله الرب فإن الدين العلمانى التـى أساسه هو البحـث العلمـى

الطبيعى قد حدد العلاقة الجديدة بين الإنسان وإله الجديد وهو البحث العلمى فكانت النتيجة هى أن الإنسان هو إله نفسه وهذا لأن الإنسان نفسه هو مصدر البحث العلمى .

ففى المرحلة الأولى المؤسسة للعلمانية الحديثة يعبر عنها فلاسفتها وعلماؤها

بداية كان الفلاسفة الوضعية يحاولون الخروج من دائرة الدين الكنيسى قبل عصر النهضة وفى العصور المظلمة الأوروبية بشكل دورى وذلك لعدم إقتناعهم بالدين الكنسى ولتناقض لذلك الدين مع الواقع لذلك عبر أحد الفلاسفة الرواد عن الخروج من الحالة الإجتماعية السيئة للعشب الأوروبى قال إن هناك ثلاث وسائل لذلك أثنان خياليتان والثالثة هى الوسيلة الحقيقة أما الإثنان الخياليتان هما :

1- الكنيسة 2- البار والثالثة الحقيقة هى الثورة الإجتماعية .

وبظهور عصر النهضة الأوروبية وظهور البحث العلمى التجريبي ونظرياته وتجاربه وتغيره لحقيقة العقيدة الكنيسة وتفسير العالم بشكل أخر إحتاج ليد أخرى للتغير الإجتماعى لرفع يد الكنيسة عن المجتمع والدولة فكانت هذه اليد المساعدة هى ميلاد الفلسفات الوضعية الإجتماعية لتكون ظاهرة إجتماعية لعصر النهضة العلمى التجريبي الطبيعى لتأسس مناهج علمية إجتماعية تستثمر سلطانها العقائدى من البحث العلمى الطبيعى ومحاكية له كظاهرة إجتماعية تبلور نتائجه فى شكل قوانين ومفاهيم إجتماعية تعود عليه مره أخرى أى أنه حتى البحث العلمى التجريبي الطبيعى لتوضح له طريقة يزودا نوراً وهدى كما كانت ترى فى ذلك الوقت وكانت أى فلسفة الوضعية الإجتماعية العلمية التجريبية الطبيعية .

فبدأ أول ما بدأت العلمانية بوضع أقدامها فى الإعتداء على الدين على سبيل المثال :-

يقول الفيلسوف الألمانى فينتشه :

إن العبقرية الإنسانية وحدها هى صانعه الحضارة فإن رسالة العبقرية فى كل زمان هى الكشف عن القيم الخالدة فى الحضارة .

كما أن فيتشه فرق بين الناس فى عنصرية واضحة حيث فرق بين ما يسمى الجنس السامى والجنس الأرى وقال إن هناك جذور طبيعية وحيوية لظهور العبقرية هو (الإنسان الذى يتجاوز بقوة إرادته وحكمته الواقع الذى تستسلم له جموع الناس كما أن يقظه الحقيقة ونهضه الفكر لا تأتى إلا من العباقرة الذين يحملون مشاكل الحضارة الإنسان) .

كما يعتقد هيجل أن هناك جدلاً وتطور فى الدين حدث خلال التاريخ ويقول فى كتابة عن الدين (إن الصور المختلفة التى أخذها الدين فى خلال تاريخه إنما هو تعبر عن تدرج الروح فى الكشف عن ذاته ولذاته) كما أن من المفكرين الذين قاموا على شرح نظرية هيجل فى الدين أمثال (هيبوليت) هل نحن أمام نظرية صوفيه لهيجل وكانوا يروا أن هيجل يتبع وأراء (ايكارت) و (يعقوب بوم) ورأى البعض إن كلام هيجل عن الدين وأمثاله ما هو إلا مقدمه لنظرية (فيورباخ) والأخير هذا قدم نظرية الحادية سوف يأتى ذكرها فى المرحلة الثانية من العلمانية ورغم ذلك فقد قال ماركى عن كلام هيجل فى الدين أنـه جعل الناس فحش على رأسها وذلك بعدما مهد هيجل وغيره للمرحلة الثانية من العلمانية وأن من أقوال هيجل أيضاً (أن الله يتجلى لذاته فى التاريخ الإنسانى) أما (فيورباخ) فيقول (إن الله هو الإنسان والإنسان هو الله) .

وكما كان الإعتقاد عند أصحاب الديمقراطية القديمة وعلمانياتها التى كانت تناصف ألهتهم فتقول عباداتهم معبره عن علاقة البشر بالألهه عندهم فكانوا يرددون (إن الألهه ترقد فى أعماق القلوب الإنسانية) وكذلك يقولون (إن حقيقة الألهة لا تكتمل بدون الإنسان وكذلك لا يجد الإنسان إنسانيته إلا عندما يرتفع إلى الألهه) .

ملحوظـة : إن شـرحنا هنــا سـواء للقوميـة أو الدولـة والأمـة وكـذلك العلمانيـة لـيس إلا إستخدام الإنسان الخطأ أما أصل البحوث والبحث العلمـى هو من تكوين الإنسان وهو الضرورة والوسيلة الحقيقـة للوصـول للغايـة الحقيقيـة فيجب أن تفرق وأنـا مـع البحث العلمـى أصل فـى البحث للحياه والوجود للوصول للحقائق والمنفعه مـن الحقائق دون المساس بالعقيدة والثوابت التى ترتكز عليها .

نعود مرة أخرى للمرحلـة الأولـى من العلمانيـة والتـى كانـت فيـه العلمانيـة وليدة وذلك كمـا ذكرنـا معتمـدة علـى ثـورة البحـث العلمـى الطبيعـى ونتائجـه فأخـذ المفكـرون الفلاسـفة المؤسسـون للعلمانيـة الوليـدة معتمـدين علـى تلـك النتـائج التـى شـكلت الفكـر والنظـرة الإجتماعية الجديدة دون الإلحاد وبالدين المسيحى ولكن لإصلاحة على حد قولهم لتتواجه المسيحية موافقة للعلمانية وليس العكس فكانت الثورات الثقافيـة المتلاحقـة لتلك إنتصاره عن الكنيسة حتى إستتب الأمر للعلمانية ورجالها فكان رجال الدين أقدر البشر طرأ علـى قراءه الأنجيل ولكـى يستطيع رجال العلم إحتلال موقـع للمعرفـة والإستقلال غبر سلطان الإنجيل بدأ من الغبـاء الصريح بذلك حيث الخسارة سوف تكون محققـه (حيث الفرصـه صنيعه العقل الإنسانى الذى يمكن أن يخطـئ) والمواجهـة مـن رجال الـدين المتخصصين بالأنجيل والحقائق التى يرونها إلهيه فأحد العلماء على أنهم هم الأخرون أقدر البشر طرأ على كتاب الطبيعة والذى عرفوه بأنـه لا يقل عن الأنجيل عظمه ولا دلالـه علـى قدره الرب وبديع صنعه وقد أطلق العلم جاليليو إنتحال مصطلح (قراءة كتاب الطبيعة المجيد) فقد أصبح تعبير شـائع فـى تلك الفترة الإنتقاليـة بين العلمانيـة الأولـى والعلمانيـة الثانيـة وأن العلم الطبيعى بلغ ذروته فى إنجلترا التى أكتمل فيها ذلك أنحاء إنفجار العبقرية الإنجليزية على قدر تعريف مؤرخو العلم وذلك فـى القرن السـابع عشر لـذلك فـإن إكتمـال الإصلاح الـدينى (البروستنتانيه) كانت نتيجـة للعقبريـة العلميـة للإنجليز ، وإن الصحبة والمتردد

وقتها من المشتغلون بالبحث العلمى من العلماء وكذلك أصحاب الفلسفات والحركات الإصلاحية هى:

(إن الثورة على رجال الدين وليس على الدين نفسه) وتتكلم فرنسيس بيكون كلام أدوره كتاب (تاريخ الفكر الأوروبى الحديث) وكما أشار (ف. باومر) قال إن بيكون مع جهابزه الجمعية الملكية أنهم يدرسون (توراه الطبيعة) وأن للعلم ومنهج البحث العلمى الذى وضحه بيكون له روافد دينيه جياشه تكشف قدره الله فى خلائقه غير أن هذا الإعقتاد ولم يحل دون قيام بيكون بحماية العلم من تدخل اللاهوت .

وكذلك قد قام (جون راى) وهو من أبرز علماء الفيزو كيميائية قد أخرج كتاب فى تلك الحقبة (1691) كتابه بعنوان (حكمة الرب كما تتجلى فى أفعال الخلق) (the wisdom of codas manife stedin the works of creation) .

والمعلوم أن الدين فى أوروبا رغم إنحصاهر وهزيمته وتأسيس العلمانية كنظام فكرى إجتماعى سياسى وذلك نتيجة للنهضة العلمية على مؤسسوا البحث العلمى وكذلك على يد العلماء المشتغلين بالبحث العلمى وإكتشاف قوانين الطبيعة مثل :-

(الحتميه الميكانيكية للكون) وتفنى ضرورية قوانين الطبيعة المطرده دائماً وثبوتها اليقينيه فنفت التخلف والمصادفه ومايسمى بالإحتمال فيكون الجزء يعمم للكل والتجريبي والتجريبية وكذلك قوانين (العله والسببية الحديثه) فكان كل ذلك سبب لوضع نهاية ليسطرة الكنيسة والإنجيل فقلت المساحة الإعتقادية التى شرع الفلاسفة ورجال الفكر بصياغة عقيدة بديلة وهما العلمانية وللعلم أن البحث العلمى ليس له دخل بشكل مباشر فى نهاية عقيدة ونشأة أخرى إن البحث العلمى ما هو إلا كاشف للحقيقة ولك أن تفعل ما تشاء مع نفسك وإعتقادك (فهو يصنع السكين فلك أن تقطع به البطيخ أو تقتل به أباك فهو ليس مسئول عن قتل أباك) .

مع هذا فإن العلاقة بين الكنيسة والإنجيل وبين المشتغلون بالبحث العلمى الطبيعى علاقة تدفع العلماء وظهور العباقرة لإكتشاف حقائق الألوهية التى قدمها الأنجيل فكان ذلك حافز للعلماء للعمل والإكتشاف والإختراع وأعتقد أن ذلك يرجع لأسباب :-

أولاً : العلاقة العاطفية للعلماء والمكتشفين منهم والمخترعين وأصحاب القوانين الطبيعية والنظريات بينهم وبين الدين حيث أن الدين يسبب الشعور العاطفى نظراً لإنتصارهم على الدين ولقرب عهدهم به مما سبب لهم شبه عقده للذين مضاعف عاطفه الشعور نحو الدين ولحتميه الفراق القريب للدين .

ثانياً : أن البحث العلمى الذى أبهر العالم والتاريخ والذى ظهر فى القومية الإسلامية كان سببه هو أصول الدين فى القرآن الكريم وأوروبا نعلم ذلك وقتها وكان تأثير القومية الإسلامية على القومية الأوروبية وقتها تأثير مباشر بطبيعة الحال من ناحية إتباع المطلوب للطالب من ناحية لأن البحث العلمى فى القومية الإسلامية قبل الإنهيار كان من الأعمدة الرئيسية الثلاث التى ذكرها فلاسفة الثورة الصناعية فى أوروبا .

والشاهد على دلالة ذلك هو ما لبثت المرحلة الأولى للعلمانية تبلور حتى تطور الذكر العلماني ليحل محل الدين المنزل بالكلية ولا يعترف بالكنيسة أو الإنجيل من الأصل حتى وانفصل عن البحث العلمي الطبيعي وبدأت هي أي العلمانية تفسر النتائج العامة بلا كتشافات العلية والنظريات وصحة فروضها في مجال البحث العلمي الطبيعي تفسير وتوجيهه ليتفق مع الدين البديل التي وضعته تلك العلمانية وكما تقول صاحبة كتاب (فلسفة العلم في القرن العشرين) أنه لم يبدأ العلم في المساس بالإيمان الديني لعلماء الطبيعة إلا في القرن الثامن عشر والذي يليه ولم يزعزعه إلا في القرن التاسع عشر.

<u>ثانياً: الشكل القومي للعلمانية القومية :</u>

إن الديمقراطيـة العلمانيـة بشكلها ومضمونها المعاصر والحديث في عصرها تكون من شقين شق :

أولاً : الديمقراطية الشيوعية

ثانياً : الديمقراطية الليبرالية

الـديمقـراطيـة الـشيـوعيـة

إن غرض وهدف الديمقراطيـة هـي الحريـة والحريـة لذاتـه الحريـة فـي الاقتصـاد الحريـة الاجتماعيـة بين الأفراد بعضـهم ببعض والحريـة بين الأفراد والمؤسسات والدولـة والعكس الحريـة فـي الاعتقـاد فـي الشكل والمعنـون ونحـو ذلـك فـإن هـذه الحريـة الديمقراطيـة لـها مدرستين المدرسة الشيوعية التي ترى الديمقراطية بشكل يمثل ما تراه والمدرسة الليبراليـة التي تمثل ما تراه وكلا المدرستين تعيب الأخرى في تطبيقها لتلك الديمقراطيـة ومثلما كـان البحث العلمي والعلم الطبيعي سبب وأساس ذاته كـلا المدرستين بمنظور تراه هي صواب فإن التقدم العلمي الحديث في القرن الثامن والتاسع عشر أفرز عن نتائج وجهته كـلا من المدرستين التوجيـه المـلاءم لهمـا لـذا تستطيع أن تقـول إن النظره الاجتماعيـة للأفـراد والمجتمعات نظره نسبية لبست بالضرورة صواب وإن كانـت تـرى نتـائج البحـث العلمـي الطبيعي بعين ما فإن العيب فيها هي وليس فـي البحث العلمي الطبيعي فكما قلنـا عن الدين الخـاص بـالأفراد والمجتمعات شتى والـدين المنزل قد يكون شـيء أخر فـإذا وجـدت رجل إسلامي ظل فإن رؤيته هو للدين دين لـه يراه هو إسلام ولكن الإسلام المنـزل يبقـى (الله هو وحده المشرع والمنزل) (والرسول محمد صلى الله عليـه وسلم وحده هو المبلـغ) فقد يعيش الإنسان علـى إسلام وهو علـى دين أخر اتبعتـه نفسـه تمشياً علـى مجتمعـه وكذلك المجتمع.

وإذا رأيت رجل اعتنق المسيحية ضل عن الدين الذي انزله الله تعالى على المسيح فإن رأيته هو للمسيحية تمشياً ع ثقافته الموروثة وأهله (دين له يراه هو مسيحية) وقد يعيش فرد أو مجتمع على ذلك.

فإن القضية كلها التصور، التصور الذهني للأشياء هي التي تحدد القبح والخيال والصواب والخطأ والرذيلة والفضيلة ونحو ذلك من الحرية والوطنية وإلا ما اختلف ناس عن ناس واختلف فرد عن فرد أو مجموعة عن مجموعة وتعددت نسبية الأراء وهذا التصور من الأصل لو خالف حقيقية الأصل لأصبح من الأصل وهم كبير.

رؤية الشيوعية للديمقراطية المنشوده عندهم

<u>يتلخص ذلك في بيانات المؤسسون الأوائل للماركسية الشيوعية:</u>

1- ماركسض   2- إنجلز   3- لنس

وذلك فإن الشيوعية ما قبل ماركس شيوعيات غير ناضجة عبر عنها ماركس نفسه بأنها محاولات للوصول للنضج الشيوعي فقد كتب وتكلم الفليسوف أفلاطون عن الشيوعية في كتاب (الجمهورية) فقد تكلم عن إمكانية شيوعية النساء والأموال بين الطبقات العليا ولكنه عدل عن ذلك في كتاب (القوانين) الذي ألف فيه حوار من أثنى عشر جزء لذلك وكان هؤلاء المفكرون قبل المادية الماركسية مجرد اشتراكيون خياليون فقد تخيلوا مجتمع خالي من مساوئ الرأس مالية والمناده بتوزيع عادل للثروة على الجميع مساواه العبيد بالأحرار (صحيح إن الديمقراطية الليبرالية لا تختلف عن ذلك ولكن الاختلاف في التصور الموضوعي لكلاً من الديمقراطية الشيوعية والديمقراطية الليبرالية).

ويعتقد ماركس أن (المادية الدولية) خاصته في التتوج الحقيقي لشيوعية ديمقراطية عادلة موضوعية مقامة على بحث علمي طبيعي أي حقيقي وواقعي وليس مجرد شطحات فكرية أو إصلاحات لديمقراطية رأس المال.

وتقوم العقيدة العلمانية في هذا الشق (الديمقراطية الاشتراكية الشيوعية) على أعمدة رئيسة تستمد منها دينها وقوميتها الجديدة وهي:

أولاً : وهي المادية في نقد مذهب هيجل في المثالية وتفسيرها بالمادية صحيح بالنسبة لماركس وإنجلز على ضوء نتائج البحث العلمي الطبيعي.

ثانياً : تفسير البحث العلمي للطبيعة أرتكز منه على.

أ- ثلاثية الخلية ب- قانون تحول الطاقة ج- نظرية التطور

وهذا من كتب ماركس وإنجلز وفبرياج.

فيقول إنجلز وهو المؤسس المساعد لماركس (الفكرة الأساسية الكبرة الفاشلة أنه يتعين أن ينظر إلى العالم لا على أنه مركب من أشياء تامة بل من عمليات تمر فيها الأشياء التي تبدو في الظاهر ثابته وكذلك إنعكاساتها في المخ البشري بداية من (الصيرورة) وتنتهي بالموت والغناء حتى تكون النتيجة النهائية تطور تقدمي متواصل بفضل التركيب هذه منذ هيجل إلى الوعي العادي والعام إلى درجة أنه لا تستطيع أي فكرة على نقضها لكن الاعتراق اللفظي بهذه الفكرة في رأي (إنجلز) شيء والتطبيق في ميدان البحث شيء أخر) ويطور البحث العلمي الحديث والطبيعي وتفسيراته في الكون وللطبيعة ونحو ذلك أوضحت الشكل الذي رأته مارية ما يسعى وغيرهم وعلى ذلك فإن الناس جميعاً تجهل المعنى العلمي للمادية والتالية ذلك فإن.

<u>المادية والمثالية كتفسير علمي هو :</u>

إن المشكلة التي شغلت الفلسفة القديمة والحديثة بشكل خاص وكذلك مؤسسوا البحث العلمي التجريبي أمثال بيكون والمشتملون بالبحث العلمي والعلماء العاملين بالبحث

العلمي هي (علاقة الفكر بالوجود أو علاقة العقل بالمادة أو علاقة الروح بالطبيعة) على قدر تعبير إنجلز.

إن المادية كما يقول الأكاديميون بالجامعات أن المادية أول فلسفة يعتنقها الفرد الذي تخلى عن الاعتقاد في (الغيبيات) وأول هؤلاء كان الفلاسفة اليوانيون مثل سقراط وأهمهم على حد قول الأكادميون ديمو (ديمقراط) (460 – 370 ص).

(وعنده أن لا يوجد في الحقيقة سوى شيئان هما الذرات والفراغ وأن الأشياء توجد من تركيب بعض الذرات وأن الروح مادية ومركبه مثل أي شيء من الذرات ولكنها أكثر دقه) حتى جاء سقراط (الذي تصور واعتقد أن النفس خالده وهي محصنه ضد الموت) وقد نصب افلاطون في هذا الاتجاه اتجاه استاذة سقراط وقد ظلت الفلسفة المادية في الإنزداء ذلك بعد ما تبحث الكنيسة هذا المنصب من ارسطو أي خلود النفس وأن المادة إلى عدم واعتبرت أراء ارسطو مقدسه حتى جاء العلم الحديث وعاد المذهب المادي مره أخرى بعد سقوط الكنيسة وتحصينها والفلسفة المادية (تبدأ من الكون الخارجي للإنسان فالطبيعة والميكانيكا والرياضيات هي رد الفعل الأول المتطرف ضد الفهم الغيبي للكون والمادية تفسر الكون وتستنبط قوانين الحقيقة من ملاحظو المادة ثم تفسر العقل من خلال هذه القوانين الموضوعية وتنتهي المادية بالضرورة (الحتمية) والميكانيكية التي تفخر بمجدها من الانتقال من المساواة إلى الشعور والإحساس.

الفلسفة المثالية: تبدأ بالعكس من الشعور والإحساس وترى نفسها عاجزة عن الانتقال إلى الماده وتقف داخل العالم الداخلي للإنسان من (عقل ونفس ومعرفة وأخلاق) والمثالية هي رد فعل متطرف ضد التضور المادي للكون وهي ترى (جميع الأشياء مجرد إحساسات وأفكار وترد المادة إلى حالة من حالات العقل وتنتهي هذه الفلسفة بالضرورة إلى الروحية والحيوية) نقلاً عن كتاب (ول ديورانت) مباهج الفلسفة الكتاب الأول.

وعلى ذلك فإن المادية تفسر (العقل والكون والروح) من أشياء ملموسة مدركة من أحوال تفسير على ضوء المفهوم العام المادية، والمثالية تفسر (العقل والكون والروح) تفسير تصوري لا يخضع للحواس بل يفسر بالإحساس والشعور وفي وأي أن كلا المدرستين التي انقسمت عليهما المجتمعات كلاهما خطأ حيث أن كلاً منهم يضع تصور مبدئي ثم يجعله مهمات ثم يفسر به الأشياء وجعل من المسلمات أساس ومرجعية وعلى ذلك فإن نقد الأساس والمسلمات وارد وضروري ولكن ليس بحالة الآن.

وجدير بالذكر أن الشعور الذي يقول (إن المادية الشره والسكر واللذات الحية والعجرفه والشهوه والطمع ونحو ذلك والركض وراء المضارات والأرباح والأطماع) إن ذلك على حد قول (إنجلز) من افتراءات رجال الكنيسة ورجال الدين الذين وجدوا في المذهب الأرسطي المثالي مذهب مقدس والخروج عليه.

والحقيقة إن هذا المذهب الكنسي قد تأثر به مسلموا البلاد المفتوحة تأثر كبير خاثة بعض الذين استهدوا بالنكر منهم أمثال إلى حامد الغزالي فقد ربطو بين المذهب الذي المادي لهرقليد كأول مذهب إلحادي بالمفهوم العصري وكأنه لم يكن هناك إلحاد قبل هرقليد أو بعده وكذلك المناهج الإلحادية للفلاسفة القوضووين الذين ظهرو قبيل عصر النهضة الأوروبية وكذلك ما يسمى بالدهوريون وكثير أمثالهم.

(فعند هيجل) الفكرة أو العقل هو التعبير الإلهي عن وحده الوجود أي أن الإنسانية المنكره هي التي تصنع التاريخ ومن هنا مثالية هيرجل وقد اتفق مع نظرية (وحدة الوجود) أي الله عندهم والطبيعة شيء واحد وهذا مذهب قد قدمه عالم يسمى (باروخ سبينوزا) (Boruch spinozo) وقد اختلف ماركس عن هيرجل في ذلك وكان لابد أن يضع ماركس منهجه أن يستبدل منهج الكنيسة أولاً المتبني لأرسطون هيجل.

فقد قال ماركس (إن منهجي الجدلي لا يختلف فحسب عن المنهج الهيجلي بل إنه نقيضه المباشر فعنده أن عملية حياة العقل الإنساني أي عملية التفكير والتي يجعل منها موضوعاً مستقلاً تحت عنوان (الفكرة) هي خالق الواقع الذي لا يعدو أن يكون من الشكل الظاهري أو الخارجي لها أما عندي على العكس فإن الفكرة سوى العالم المادي منعكساً في العقل الإنساني ومترجماً في صورة فكر) عن كتاب كارل ماركس سنة 1967م لذلك فقد وجد ماركس أن (الابم يلد الأب والفكر الطبيعة والمسيحية والنتيجة المبدأ) وعند الاشتراكيين والشيوعيين الديمقراطية (العلمانيين) أن العالم هو الذي سبق الفكر والمادة هي التي سبقت الوعي وما الفكر إلا نتاج تطور للطبيعة في لحظة ما من لحظات هذا التطور) من هنا كانت نظرية التطور لدارون ونظرية الخلايا الثلاث إنعاكاس اجتماعي لفكر ونظرية (فايبرباخ) والذي اعتمد ماركس على نظريته أيضاً في تأصيل ما يؤسس.

إن (لو دفيج فويبرباخ) قد كان أحد الجناح اليساري للهيجليين الشبان وقد خرج على النظريات السابقة له ووضع هو نظرية جروفيها نظرية هيجل من مثاليتها إلى فلسفة مادية يعتمد ماركس وضحوا العلمانية الاشتراكية الديمقراطية الجديدة فكرهم وذلك في كتاب (جوهر المسيحية) عام 1841

وقد تولى فيها فايبرباخ مهمة إحلال الإنسان محل الفكرة الإلهية وكان عوناً لماركس في إكمال الطريق لإحلال القوة المادية محل الإنسان.

فعند هيل أن (الفلسفة والدين شيء واحد) وهذا كان مذهب الكنيسة ولكن فايبرباخ قال أنهما عالمان مختلفان تماماً فعنده الدين:

(عالم نفعي للرغبات والأمال الشخصية عالم نفعي في جوهره ذلك أن الإنسان المتدين إنما يتوجه إلى الألهة بالصلاة أو بتقديم نتيجة أو القيام بأية أعمال سحرية عندما يويدا

أهوال على مساعدتها أو رضاها لقضاء حاجاته) لذلك فإن العلمانيون يرون الدي بهذا الشكل وقد قيام عن هذا المذهب.

(إن فيبرباخ لا ينكر الدين ولكن ينكر اللاهوت خاصة اللاهوت الفكري الذي يستهدف (اللاعقل) والذي هو نتاج خيال الإنسان وأراد أن يستبدل باللاهوت علماً إنسانياً موضوعياً بمجرد الدين من كل ما يحبط به من أفكار وطقوس وهمية ويحول الدين لحدث إنساني يكون جزء لا يتجزأ من علم شامل عن الإنسان) فيرد استبدال الإنسان بالأله والإنسانية بالألهة.

وقد امتدح إنجلز وماركس نظرية (فيبرباخ) امتداح غير مسبوق فقد رأي ماركس في مقدمة رسالته عن (انيفور) ذلك الفيلسوف (349 – 270) قبل الميلاد والذي من عقيدة الفلسفية الداعي إليها (إن العالم مركب من عدد لا نهاية له من الذرات وأنه يحتمل أن تكون هناك ألهة لكنها لا تشغل بالها أو نفسها بعالمنا) فقال ماركس في رسالته عن ذلك الرجل (وفي كلمة واحدة يقول أنه يسموه كافة الألهة) وختم نفس الرسالة قائلاً (إن كل الأدلة التي تساق على وجود الإله (يقول) هي أدلى على عدم وجوه) ثم قال (إن الأدلى الحقيقية يجب أن تقول يقول ماركس:

نظراً لسوء تنظيم الطبيعة فإن الإله ... ونظراً لسوء الحكمة فإن الإله ...).

إما إنجلز فقد قال (فيبرباخ قد أحال بضربة واحدة جوهر المسيحية إلى هباءاً منثوراً) .

ويقول ماركس (الدين هو أفيون الشعوب إن اختفاء الدين باعتباره نعيماً خيالياً وحميماً للشعوب هو ضرورة جوهرية لتحقيق نعيمها الحقيقي).

وقد صرح ماركس أن الدين هو أوهام وخيالات وتبرير للمظلم الاجتماعية كما عند المسيحية التي بررت العبودية ومجدت السخره في العصور الوسطى.

أمـا الاكتشـافات العلميـة فـي مجـال البحث العلمـي الطبيعي والـذي كـان بمثابـة الركيـزة الاجتماعيـة مـاركس وإنجلـز وفيبرباخ ونحوهم الـثلاث اكتشـافات هـي التـي تشمل المعرفـة لديهم في عمليات التطور الطبيعية هم:

أولاً: اكتشـاف الخليـة بصـفتها الواحـده التـي ينمـو منهـا كـل الجهـاز العضـوي النبـاتي، الحيواني بطريق التكاثر والتغابر وتقرير أن نحو وتطور كافة الأجهزة العضوية العليا إنمـا قانونـاً عامـاً واحـداً وأن قـدرة هـذه الخليـة علـى التحول إنمـا تبين الطريـق الـذي تستطيع الأجهزة بواسطته أن تغير من أنواعها.

ثانيـاً: (قـانون تحـول الطاقـة) وهـذا القـانون الفيزيـائي ينص علـى أن (الطاقـة لا تغنـي ولا تستحدث ولكنها تتحول من صورة إلى أخرى).

وهذا يعنـي أن القوة الموجودة فـي الطبيعة غير العضـوية ويعنـي القوى الميكانيكيا، قـوة كامنـه وحرارة وإشعاع ضوئي أو حراري وكهربي ومغناطيسية وطاقـة كيميائيـة ليست سـوى مظاهر مختلفة للحركة الكلية تمر من وضع لوضع ومن صورة إلى أخرى عن طريق (كم معين) قابل للتحول من كم إلى أخر وعلى ذلك حركة الطبيعة بأسرها ترد إلى هذه العمليـة المتصلة لتتحول الطاقة من شكل إلى أخر وأخر هذه الاكتشافات:

هو اكتشـاف قـانون التطـور ، نظريـة التطـور وبمعنـى أخـر نظريـة أصـل الأنـواع أو نظريـة الانتقـاء الطبيعـي (تشـارلز روبـرت دارون) (1809 – 1882) وهـو عـالم طبيعـي إنجليـزي وكانت نظريته هذه أهم اكتشـاف فـي العلوم الطبيعيـة والتـي أسسـها علـى فـرض (الانتقـاء الطبيعي) وهو الصراع من أجل الحياة والذي لا يبقى إلا على الأصلح وكان عرض دارون هـذه النظريـة الخطيـرة فـي كتـاب يسـمى (on the origin of species by means of natural selection).

وكان ذلك عام (1859م) فقد وصف إنجلز اكتشاف هذه النظرية وتأثيرها على المادية لماركس وتأسيس الاشتراكية الديمقراطية الحديثة بقوله (إن دارن قد وجه الضربة القابضة إلى الميتافيزيقا للطبيعة بإثبات أن لكل طبيعة عضوية حالياً سواء نبات أو حيوان أو إنسان ما هو إلا نتاج عملية تطورية مستمرة منذ ملايين السنين) الميتافيزيقا يعني عالم ما وراء الطبيعة والمتصور به الغيبيات في الديانة المسيحية وقال أيضاً (وكما اكتشفو دارون قانون تطور الطبيعة فإن ماركس اكتشف قانون تطور تاريخ الإنسانية) أما مارسك نفسه فقد قال عن دارون (إن مؤلف دارون لفي غاية الأهمية وأنني اعتبره أساس صراع الطبقات في التاريخ وذلك بالنسبة للعلوم الطبيعية وقد قال أيضاً أن مؤلف دارون قد وجهة ضربه ميته للاهوت في العلوم الطبيعية وكذلك أيضاً أرس بطريقة عملية المعنى العقلي لهذه العلوم).

ملحوظة : إن الصيروره عند هرقليدس قديماً ومادية ديمقراطي في اليونان وتعديل ماركس لنظرية ميجل لجعلها مادية ونظرية فايبرباخ الإلحادية والاكتشافات العملية كمقدمه ونتيجة هي التي صاغت المادية والعلمانية الدينية ومنها تصادمت الكنيسة مع العلمانية ولكن الكنيسة خرجت من المعركة وإنتصرت العلمانية لأسبابها الخاصة بها ليس لنجاحها لذاتها ولكن لتأسيس الخاص للطرف الأول من الأصل، وأن الصراع بين الماديين والمثاليين يوضح نقطة مهمة جداً وهي أن الحضارة الإسلامية واكتشافاتها العلمية وتأسيسها (أعظم حضارة بحث علمي في التاريخ ليس لأنها حلقه الوصل التطوري بين الحضارات اليونانية القديمة والحضارة الأوربية الحديث فقط وأنها لنقله العلمية التي يسبقها قامت الحضارة العملية الأوربية نقلاً عن مراجع أجنبية) أقول ليس هذا فحسب ولكن حضارة البحث العلمي التي أسسها القرآن الكريم على قواعد التوحيد بمفاهيم وصور القرآن الكريم المحفوظ من قبل الله تعالى :

تلك الحضارة تغلبت على الصراع بين المادية والمثالية بوضع القواعد والمفاهيم الصحيحة لذلك الصراع بل وضعت الحقيقة الحتمية التي حلت محل الأزنان لذلك كانت واصبحت وستظل أعظم حضارة بحث علمي في التاريخ الإنساني إلا أن تقوم حضارة أفضل منها متطورة ولكن على نفس الأسس التي قامت عليها تكلم الحضارة.

وقد دعت العلمانية الحديثة إلى نظرية التخلي الذي أبتدعها (فويرباخ) والتي دعى فيها عن التخلي عن الدين فقد نص وقال ودعى ودعوا جميعاً إلى تلك النظرية التي هي أساس (العلمانية الاشتراكية الديمقراطية) التي تقول أي هذه النظرية (إن الإنسان هو الذي خلق الإله بأن سما بالصفات والقيم الإنسانية الفاضلة واسقطها على كائن خيالي في السماء .....) حول ذلك ماركس ودعا إلى التخلي ليس فقط عن الدين بل عن الدولة والملكية رأس المال وقال (فقد خلق الإنسان النظم كلها وعبدها ومضحياً من أجلها وستخلى لمصلحتها عن أحسن مما في جوهر الإنسان، المواطن للدولة، الجندي للوطن، العامل رأس المال).

وهناك نقطة مهمة واجب ذكرها في مفهوم العلمانية الديمقراطية الاشتراكية وهو إن الاشتراكية كما عبر عنها ماركس وبراكه وغيرهم هي المرحلة الثورية بين ديمقراطية المجتمع الرأس مالي والمجتمع الشيوعي، والجدير بالذكر أن براكة هذا أحد مؤسس حزب العمال الاشتراكي الديمقراطي والذي يطلق على أعضائه (Eisenachers) نسبة للبلد التي أسس فيها الحزب وكان براكة وثيق الصلة بين ماركس وإنجلز وعموماً فإن الاشتراكية هي الفترة التي تعقب إنهيار الرأسمالية وتمهيد لقيام الشيوعية وقد أطلق ماركس على فترة الاشتراكية (المرحلة الأولى للمجتمع الشيوعي) فيطلق على ذلك اسم الاشتراكية أو يطلق اسم (دكتاتورية البروليثارية).

وترى العلمانيـة الديمقراطيـة الاشتراكية أنهـا هـي الوحيدة التـي تطبق الديمقراطيـة بشكل صحيح وليس الليبرالية الديمقراطيـة وقد وضـح ذلك في البيـان الشيوعي (للنن) والذي يقول فيه.

(إن الديمقراطية الأهلية لا يعتد بها للأغنياء هي ديمقراطية الرأسمالية وإذا أمعنا النظر في ديمقراطية الرأسمالية فإننا سنرى قيوداً نتلوها قيود على الديمقراطية) وكذلك قال مـاركس عن جوهر الديمقراطية الرأسمالية قال (وهو بصدد تحليل تجربـة الكوميون) يشير لتجربـة الكومسون الـذي كنبـه مـاركس في إبريل ومـايو عـام 1871م بعنوان الحـرب الأهليـة في فرنسا وقدمه في جلسة المجلس العام للدولية الأولى ويشير إلى حصار الفرنسي الحكومي للمدينة بأمر حكومة تسير وقد قمع الجيش الفرنسي النظام الثوري بشكل دموي لـم يسبق لـه مثيل.

يقول مـاركس (لا يمكن من ديمقراطيـة الرأسمالية التـي تستبعد الفقراء مـن نطاقهـا فـي صمت ومن ثم تكون ديمقراطية مرائية وفاسدة) .

ويقول لـنن (إن دكتاترويـة البروليتاريـه، إنهـا لا تتمثل فـي شـكل توسـع فـي الديمقراطيـة فحسب فمـع التوسـع الكبير فـي الديمقراطيـة التـي تصبح ولأول مـره ديمقراطيـة للفقراء ديمقراطية للشعب لا ديمقراطية للأغنياء فقط) ويقول أيضاً (أما ديكتاترويـة البروليتارية فترة الإنتقال إلى الشيوعية فإنها تخلق للمره الأولى ديمقراطية الشعب).

ويقول أيضاً فـي بيـان أخر (إن الشيوعية وحدها هـي القادرة علـى إعطاء الديمقراطيـة الحقيقة الكاملة).

العلمانية الديمقراطية الليبرالية

إذا كانت العلمانية الاشتراكية تعتمد على الجماعة والدالة كأساس فإن الليبرالية تعتمد على الفرد محوراً للدولة فهذا النظام يعتبر الفرد وسماوته الغاية الأساسية للنظام هكذا

جاء إعلان حقوق الإنسان والمواطن مقدراً أن الفرد غاية التنظيم الأساسية وأن هدف أي تجمع أو تنظيم سياسي هو المحافظة على الحقوق الطبيعية والتي تسقط بالتقادم المقررة للمواطن وأن وثيقة إعلان حقوق الإنسان الصادرة عام 1789 في فرنسا تعتبر أسا المذهب الفردي وأنها نادت بوجود حقوق طبيعية للإنسان يتعين احترامها وهي (المساواة الملكية، الأمن، مقاومة الظلم) لذلك يسمى هذا النظام بالنظام الحر وكما ذكرنا فإن العلمانية أساس بديل ديني (دين وضعي) والديمقراطية مجرد واجهة قومية والدولة وقوانينها هي مجرد تعبير عن ذلك وهذا في التسلسل في كل الأنظمة تختلف العلمانية في الشكل الديمقراطي القومي فالاشتراكية والشيوعية ترى هذه الواجهة القومية بشكل والفاشية والليبرالية والنازية وإلى أخر المسميات تراها بشكل حيث أن الاختلاق في تنازل الديمقراطية أما العلمانية فهي أساس ديني متفق عليه كبديل وضعي فالديمقراطية هي (حكم الشعب) كنتيجة لعلمانية قديمة أو علمانية بمعناها الحديث والمعاصر كتطور طبيعي للعلمانية الأولى ذلك كما شرحنا سلفاً فالخلاف هنا في نظرة كل مجموعة للديمقراطية التي هي حكم الشعب وذلك من منطلق قومي فأصحاب البيئة الرأسمالية الليبرالية يرون تطبيق الديمقراطية بشكل أن الفرد والمؤسسات التي يديرها الفرد هي المفهوم الحقيقي للحرية لذلك فإن الديمقراطية لذلك المجتمع إضافة يستفيد منها الفرد لا المجتمع وبما أن الفرد هو المجتمع فإن استفادة المجتمع من الديمقراطية واجبة عس النظره الشيوعية أو الفاشية التي ترى أن الديقراطية للمجتمع لا للفرد وأن الحرية للمجتمع لا للفرد وأن الفرد والديمقراطية استفادة للمجتمع وبما أن المجتمع هو الأساس فإن الديمقراطية يجب أن تكون شيوعية النظرة وتجارب أمر يكاد بعض دول أوربا مثل للأولى وتجارب روسيا وليبيا والصين مثل للثانية.

فصل

المسخ الأول

المسخ الثاني

الـمـســـــخ الأولـــــــــــــــــ

<u>**المسخ يعنى :-**</u>

1. **الوجهة القبيح لحقيقة الشيئ**
2. **طمس معالم حقيقة الشيئ**
3. **الإقتباس من حقيقة الشئ بفحص حقيقتـه وخلطها بحقيقـة شـئ آخر فينـتج عن ذلك تشويه لحقيقة الشيئان .**

وفى موضوعنا :-

هناك تحليل لإبن خلدون مؤسس علم الإجتماع قال أن من عادات الشعوب أن المغلوب يتبع الغالب تأثراً به وتقليداً له وأنا لا أدرى لماذا ولكن إذا إتذخت الفكر والنظر لوجدت من الناحيـة (السيكلوجية) أن المغلوب يصاب بالإحباط وإنهيار فـى الشخصية المميزة لـه سواء كأدلة أو آيه أو فرد أو نحو ذلك فى هذه الحالـة تحاكى هذه الشخصية شخصية الأقوى هذا من الناحية النفسية الإجتماعيـة ومن ناحيـة العلوم الطبيعيـة فإن فـى النظريـة

الذرية إن الذرات الأضعف تدور فى فلك الذرات الأقوى كذلك فى أحد العلوم الطبيعية فإن الأضعف يندبح من الأقوى .

وهذا ما حدث لأوروبا قبل عصر النهضة الأوروبية وتأثرها بالحضارة الإسلامبة التى أنتجها الإسلام فى تأثير شديد سواء على التفكير أو طرق البحث أوحتى الشخصية فكانت أوروبا أذكى لأنه لم يميز فى شخصيتها بل قوى هذه الشخصية وهذه التوصية فقامت وطورت من شخصيتها ومن قوميتها وكن الإنهيار الذى حدث للدولة العثمانية فى زمن (مصطفى كمال أتاتورك) والملقب بأبو الأتراك جعل من تركيا إنتاج لأول مسخ فى التاريخ الإسلامى وتبعها دول العالم الإسلامى بحكم انها مسئول الخلافة ومن هنا بدأت عبقرية أوروبا فى الظهور مع الدول الإسلامية غستطاعت عن طريق المسئولين عن الدول الإسلامية والمكذبين عند الناس تحويل الدول الإسلامي إلى المسخ الأول ومن بنود هذه تسليم تركيا لأوروبا والذى ابرمها كمال أتاتورك هو التأكيد على عدم إسلامية الدولة وعدم قيام الخلافة الإسلامية والتعهد بالتشرذم خلف الوطنيات التى ترتبط كل وحده بمحيطها الجغرافى وتبديل القومية الإسلامية إلى التوصيات الجفرافيا وكانت ترى أوروبا ما لا تراه الدول افسلامية من أثر الإسلام والقومية الإسلامية هى مصدر الأمة أسلامية وفى ذلك خطر على مصلاحها حتى ولم تحاربها الدولة افسلامية وذلك واضح حتى مع أى إتحاد أو تجمع ينتظر منه خطر على المصالح الأوروبية أو الأمريكية فإن امريكا تحت مسمى (حماية الأمن القومى الأمريكى) وكذلك دول مثل فرنسا وإنجلترا تحت هذا البند تحرك الدول والعكس غير صحيح فليس من حق أى دولة تم تصنيفها دول عالم ثالث وأغلبها بل أن لم يكن محلها مما كانت جزء من القومية الإسلامية محذور عليهم ما يباح لأمريكا وأوروبا ووضعت أوروبا وأمريكا ما أسمية أنا أساس لإنشاء مدارس للعبيد بفلسفة تتماش مع تشكيل ثقافة لدول العالم الثالث أو الإسلامى حتى يتشكل الشعوب او العب وينمو ويتربى على هذه التعاليم حتى يتكون من ذلك على مرور الزمن طوق

للعبودية ولكى يتم إحكام ذلك الطوق أفرزت العبقرية الأمريكية والأوروبية أنشئت لتلك الشعوب تشكلها أى الشعوب هى بنفسها كل فترة من الزمن على أن تتحكم أوروبا وأمريكا فى تلك المفاهيم عن بعد المشكلة لديانة تلك الشعوب وقومية تتناسب ومصلحة القومية الأمريكية وما ينتجها من دول لأوروبا الشرقية أو الغربية وكذلك أفرزت العبقرية الأمريكية وما يتبعها من دول اوروبا الشرقية والغربية منهاج إجتماعية معينة تقوم هذه الشعوب بالعمل الذهنى والبدنى من خلالها وتعلمها لأجيالها تعمل هذه المناهج على تكوين عقول ضعيفة لتلك الشعوب مستغلة حماقة وكبر وجهل تلك الشعوب مصورة لها وجعلت من أبناء تلك الشعوب من يصور لها أنها من أفضل العقول وحتى تحمد أمريكا وما يتبعها من تكوين ما يسمى بالشعوب (الأدنى) والشعوب (الأرقى) حتى تجد التبرير الأخلاقى والقانونى لذلك التقسيم فتكون الوصايا القومية والعقلية واجبة بقانون والتأديب عند الخروج على ذلك له قانون وحتى يكون هناك المبرر العبودية تلك الشعوب وجعلها شعوب مستهلكة لكون أوروبا وأمريكا شعوب منتجة وبذلك تقرر تلك الشعوب مبدأ الأجناس الجنس الأرى والجنس السامى السابقة ذكره فى ذلك البحث أو الكتاب وليتم تفريغ هذه الشعوب من الدين الأسلامى المنزل الذى هو مصدر القومية والحضارة سواء القديمة أو المفروض أن تكون للحديثة أيضاً وتنشأ من الشعوب قومية إقليمية يتصارعون عليها ذلك حتى بلغت تلك الشعوب من الجهل والتفريغ الذهنى بل والضعف الذهنى والتفريغ الدينى والقومى .

المرحلة التى توجهها فيها أمريكا وما يتبعها عن بعد وتتصور أنها سيدة مصيرها معتزة بذلك لذلك كانت أمريكا وما يتبعها تستحق لقب (العبقرية الأمريكية وما يتبعها) والحقيقة إن الإرهاصات الأولى للتلك العبودية كانت من تلك الشعوب نفسها بنفسها حتى جعلت الدول المستعبدة حراس من تلك الشعوب ممثلين لها حراس لتنفيذ تلك المناهج وهذه البرامج فمن الطبيعى ان يحدد الأسياد وللعبيد ماذا يأكلون وماذا يزرعون ومن

الطبيعى أن يحدد الأسياد للعبيد من ينصرون ومن يعادون سواء من الدول أو من الأشخاص ومن الطبيعى ومن طبائع الأمور ان يحدد الأسياد للعبيد الغرض من الحياه سواء للأفراد او للمجتمعات فتجد حياة الأفراد فى الدول المستعبدة بتلك الطريقة التى ذكرتها حياتهم تختلف عن حياة البلاد التى فيها الأسياد وسواء لكرامة المواطن أو لقيمة حياته أو للخدمات الطبية أو الغذائية أو العلاجية أو ما إلى ذلك فدم العبيد رخيص وأمراض العبيد لا يسأل عنها أحد من الأسياد وطعام العبيد لا يلتفت إليه أحد فالعبد يأكل ما لا يأكله الأسياد ويشرب ماء لا تشربه الحيوانات حتى علاج العبيد لا يهم أحد وإن وجد حتى عمر العبيد لا قيمة له فحياة العبد لا تعدوا التناسل والتناكح والتقاتل والتنافس حتى يعلوا بعضهم على بعض وذلك أقصى أمانيهم والحقيقية أن الرواسب الإجتماعية والثقافية والعقائدية والتى خلفتها الدولة الأموية والعباسية وكذلك الرواسب العقائدية التى دخلت فى الإسلام وإنشئ ما يسمى بالكهنوت الإسلامى ونعرات الجاهلية الأولى والتخلى عن السبب الوحيد للعزه وهو الإسلام وردة كثير من المسلمين إلى البداوه والإنتماء الجغرافى والمسمى وهماً (العربى) مستبدل بالهوية القومية الإسلامية وذلك من جهل هؤلاء بتلك النعمة وهذه المنة الأهلية ولا يعلم هؤلاء ان التخلى عن القومية الإسلامية والتى شكلت الشخصية للدولة الإسلامية ونحو ذلك لا يعلم هؤلاء أم مجرد التخلى عن تلك القومية تصوروا أن بإمكانهم الترقيع بقومية أخرى ولا يعلم هؤلاء أنهم ذلك يتخلوا عن قوميتهم ووطنيتهم وشخصيتهم وتاريخهم وتكوين أمتهم وذلك نهايته تخليهم عن أصل دينهم ولا يعلمون انهم بذلك يضربوا مثل مضحك لم يسبقهم أحد من الأمم حيث أنهم يشكلوا نوع من المسخ السابق تعريفه ولا أدرى فى أى دولة سوف يعيشون وعن أى قومية يدافعون وعن أى قومية ينتمون والحقيقة إن هذا هو الناتج الطبيعى لفلسفة العبيد حيث أن من فلسفة العبيد أن لا ينتمى إلا للذى يحدده له سيده فهل سمعت عن عبد له قومية أو عبد له دين مخالف لدين سيده هل سمعت عن عبد يموت إلا دفاعاً عن مبادئ حددها له

سيده ودفاعاً عن سيده وقومية سيده هل سمعت عن عبد له شخصية مستقلة عن سيده ولكن العبقرية والخبث أن الدول التى فعلت ذلك بدول أخرى أنها جعلت من تلك الشعوب المستعبدة أن تطور عبوديتها بنفسها فلا تستغنى عن سيدها بل تبحث عنه ليصدق على كل تطور فى عبوديته الجديدة والحقيقة أنا لا ألوم الدول المستعبدة لسببين :

الأول : أن المصلحة تفرض على تلك الدول ذلك فى عالم الكل يتسابق لمصلحة بلده وأمنه القومى فيستحق بذلك الأفضل والشرف بالنسبة لقوانين السباق والأفضلية والمصلحة العليا للوطن التى ينتمى إليه .

الثانى : الإماكنيات العامة لنوعية من البشر تتوافر فيهم تلك الصلاحيات والتى تجعل منهم نموذج للعبيد وذلك من قوانين الحياة أنه يوجد الأرقى والأدنى ولكن ذلك يكون مكتسب وبأسباب أى أنه من إكتساب العبيد بأيديهم أن يكونوا كذلك وبأيدى الأسياد وأن يكونوا كذلك وإذا إستعرضت التاريخ سوف تجد الاف الأسئلة التى تؤكد ذلك فليس هناك من يولد عبد وليس هناك من سيد حتى ولو كان ذلك فى فلسفة العبيد .

المسخ الثاني

أولاً : العلمانية الديمقراطية للحكومات كدول المقاومة الإسلامية لذلك

ثانياً : العلمانية الديمقراطية فى الحركات الإسلامية

أولاً :- العلمانية الديمقراطية للحكومات وتأسيس الجماعات الإسلامية للمقاومة

وعلى ما سبق فإن من بكر مصطفى كمال أتاتورك وما فعله فى تأسيس أول دولة من أساسياتها إستبدال قومية جديدة بالقومية الوطنية ومن ثم سيكون رد الفعل العكس على أصل القومية بأصل جديد للقومية الجديدة وهذا الأصل هو الدين فيتعارض دين القومية الجديدة مع دين القومية الوطنية مما أن القومية الجديدة مفروضة بقوة السلاح فإن الغلبه لدين القومية الجديدة على دين القومية الوطنية وبدأ من هنا الطرح والمقاومة من أفراد الشعب الإسلامى الذى يدرس بقوميته الوطنية وكان من الأساس الثانى للدولة بعد أساسها الأم وهو العلمانية كدين كانت القومية الجغرافيا كبديل عن القومية الإسلامية الأم فظهرت جماعات وتنظيمات مؤيده ومهللة تتفق مع ما سبق شرحه من قوانين العبودية وفى المقابل ظهرت جماعات وتنظيمات تدافع عن القومية الوطنية القومية التى تحمل هوية العب الإسلامية وبما أن الأخير ضد قوانين ومبادئ الدولة العلمانية الجديدة كانت السرية والكتمان هما أساس تلك المقاومة وتلك التنظيمات وبالطبع إنتشرت هذه القومية الجديدة فى الأقاليم الإسلامية التى أصبحت بلاد مستقلة بذاتها على نفس الشروط السابقة ذكرها والتى وضعتها القوى المستعبدة للشعب المستعبد الجديد وجعلت من نفسها شرطى وقوة مسلحة لحماية عبوديى الشعوب لها فتدخل بالقوة عند اللزوم لإعادة بناء الهيكلى الإستعبادى من جديد سواء بواسطة حراسها المحاربين من تلك

الشعوب أو من القوى السايأسة والإجتماعية التى أسستها تلك القومية الجديدة ورجالها أو بالتدخل المباشر وتولت القوى المستعبدة رسم السياسات للدولة والشعوب المستعبدة من حين لأخر وبما يتواءم مع مصالحها الشخصية من أول نظام الحكم و مروراً بوضع البرامج لإنفراط الشعب فى الهوية الجديدة والتى تحمل اللاهوية أى (المسخ) وكذلك بدعم القائميين على ذلك من القوى الحكومية أو المجتمعات التى أسمتها طبقاً للقومية المبتكرة أسمتها بالقوى المدنية فكانت أنظمة الملكية فى البلاد المسمى بالبلاد العربية وذلك يعد تحيز أسمها بما يتوافق على القومية الجديدة التى من شأنها العودة الرسمية للإنشاء لإقليمها الجغرافى بدلاً من الإنتماء للقومية الإسلامية للأسباب سالفة الذكر ثم فشلت تلك الأنظمة فكان الإذن بالتغيير فى البلاد العربية فكان الإنقلاب فى مصر عام 1952 على يد الضباط الأحرار وهم مجموعة من الضباط وضباط الصف والعساكر الأشراف والوطنيين والمخلصيين لبلادهم رغم عدم فطنتهم لتغيير الهوية والتوصية ذلك أن التغيير القومى القديم والذى يسبق أبطال حركة 1952 كان بزمن بعيد وأعدله من قبل كمال أتاتورك كأرهاطات قد يرجع بداياتها كأسباب لبقايا الدولتين العباسية والأموية وأحقية لو أن أبطال حركة الجيش المصرى 1952 كانوا يفطنوا لذلك لكان الإنقلاب بعودة القومية الوطنية ولكن اللبس الذى علق بالذهن والعمومية للأسباب السالفة جعلت حركة 52 تتصور أنها تعمل للقومية الحقيقية .

ملحوظة :- يمكن إستعادة القومية الوطنية للدولة افسلامية بدولة واحدة .

كما حاول محمد على باشا والى مصر إختلافنا معه فى مفاهيم الدين ولكنه حاول أن يجعل من مصر إمبراطورية مستقلة عن طريق العلم وماولة إنشاء بحث علمى جديد ولكنه فشل كما رأت حركة يوليو رغم ان مصر تحمل كل المؤهلات لذلك والتى تراها القوى المستعبدة وتعمل ضدها فى خبث .

فإن مصر تحمل ما لا يراه الأخرون لكى تكون الأمبراطورية التى تحمل الهوية و القومية الإسلامية الحقيقية وتلك القومية هى القومية المصرية الحقيقية فحدود مصر (إنتبه) الموجودة بالخرائط القديمة والحديثة حتى قرب أثيوبيا أى مصر والمسمى بدولة السودان خطأ حدود واحدة فلم يكن هناك ما يسمى بالسودان منذ عهد الفراعنة والمصريين القدماء فإنها أراضى النوبة والتى هى جزء من مصر العليا والعالم كله يعرف ذلك وكانت مصر كذلك فى كل العصور حتى عهد الملك فاروق ملك مصر ووجدوا هذا الجزء من مصر أصحابة سود البشرة فسميت بذلك السودان وظهرت كلمة السودان منذ ذلك الحين وعلى ذلك فإن أهالينا فى أسوان وقنا وغيرهم أصحاب البرة السوداء (السودان) وهذا غير صحيح وهذه الخرائط موجودة فى المجمع العلمى الذ تم حرقة بفعل فاعل فى ثورة 25 يناير ولا أدرى لماذا يحرق شعب تاريخه وقوميته مقابل...؟؟؟ ولماذا تقاعست الشرطة والقائميين على الجيش عن إطفاء الحريق أو الحيلولة دون إشعال الحريق هل لجهل قيادات الجيش بمحتوى المجمع /أ كما قالوا حفاظاً على أرواح المتظاهرين !! ولا أدرى هل حفنة من السفهاء قتلها أولى أم حرق الأمن القومى المصرى وهل الدم المصرى من قلة إرهابية بحرق تاريخ مصر وقتل من قوات الشرطة والإعتداء على أفراد الجيشين أولى أم الحفاظ على هوية مصر !!! وماذا عن الدم المصرى الأن من الشرطة !!!

وسوف يأتى اليوم الذى تعود فيه جميع أجزاء الوطن القومى المصرى مصر العليا .

نعود للمسخ وحقيقته :-

عندما حرثت ثورة مصر الإشتراكية من رئيسها فى ذلك الوقت جمال عبد الناصر وإعطائها صبغة جديدة لقومية جديدة ترى بها اليمقراطية من منظور المرحلة الأولى للشيوعية (الإشتراكية) وهو لا يدرى أى صاحب هذه الثورة والتى أكتمل بها جميع أركان الثورة القانونية والسياسية عدا ركن واحد وهو دراية الشعب بتلك الحقيقة .

والحقيقة أيضاً أن أصحاب الثورة أنفسهم (لا يرون تلك الحقيقة) أى لا يرون اللبس فى القومية واللبس العائد على الدين وأن ما صبغه هم عليه وهم صغار من قومية بها لبس فى المفاهيم ولكن القومية الجديدة مع الأسف مع العهد الشيوعى فى مصر وما تبعه من قهر وقتل وتعذيب وهذه من أساسيات تلك القومية كما نص ماركس ولنن وانجلز فايبرباخ ويسموها (الضرورة) كانت هناك المقاومة الإسلامية التى حملت على أعتاقها وحدها هموم الأمة والحفاظ على القومية الوطنية بمقاومة عجيبة تثير الأعجاب من جماعة أنصار السنة التى تخصصت فى الحفاظ على أصل القومية وهو الدين الذى جاء به الرسول ومحاولاتها أن يبقى نقياً فكان من أهدافها المعلنة :-

1-الدعوه إلى التوحيد الخالص من كل الشوائب
2-حب الله حباً صادقاً يتمثل فى طاعته وتحقيق العبودية له سبحانه
3-حب النبى صلى الله عليه وسلم حباً صادقاً يتمثل فى الإقتداء به
4-إقامة المجتمع المسلم كما شرع الله أنزل وإقامة الدولة الإسلامية بأركانها الإجتماعية والسياسية والإقتصادية والقانونية
5-الحكم بما أنزل الله فإن أى مشرع غير الله فهو معتد عليه سبحانه

الحفاظ على أصل القومية الإسلامية الوطنية لمصر وقد قام على تأسيس هذه الجماع فى عام 1926 فضيله الشيخ / محمد حامد الفقى .

فضيله الشيخ / أحمد شاكر

فضيله الشيخ / أبو الوفا درويش

فضيله الشيخ / عبد الرحمن الوكيل

فضيله الشيخ / عبد الرازق عفيفى

وغيرهم عليهم رحمة الله جميعاً وطيب الله مثواهم .

وكان مواكب لنشأه الجماعة الأخوان المسلمين على يد الشيخ / حسن البنا والحقيقة لأسباب نشأتى الأولى فى جماعة أنصار السنة وتربيتى الأولى ولقرابتى بأحد رؤساها ذلك قبل أن يعتقلنى الأمن المصرى يتهمنى زوراً إنى من التنظيمات للجماعة الإسلامية وتنظيم الجهاد فإنى علمت أنه قد حدث إجتماع بين الشيخ / حامد الفقى والشيخ / حسن البنا وحاول إقناع الثانى بدمج جماعة الأخوان بجماعة أنصار السنة حيث أن الإسلام لابد ان يكون على علم التوحيد وكان الحال بالنسبة للشيخ / حسن البنا بمحاولة ومع أنصار السنة يحث راية الإخوان المسلمين ولبعد المنهج وملامح العقيدة والمفاهيم فشل الإجتماع ونشأت جماعة الأخوان المسلمين على :-

1-عقيدة المسلمين من الناس فى مصر وهى العقيدة الإسلامية التى كانت منتشرة فى مصر فى ذلك الوقت فإن عقيدة المصريين كانت تميل للصوفية .

2- لا تحمل عقيدة الإخوان المسلمين من جوانب التوحيد لذى جاء به النبى صلى الله عليه وسلم من توحيد ولاء وبراء أو التفريق بين الحق والباطل أو الكفر والإيمان إلا بشكل الذى يتفق مع عمومى وعوام المسلمين .

لذلك فإن العقيدة الإسلامية للإخوان هى عقيدة عوام المسلمين لذلك تجد فى الجماعة الصوفى والسنى والشيعى والعلمانى ونحو ذلك المهم أنـه يـدين بالمنهج السياسى للجماعة ويقوله (الله أكبر ولله الحمد) أصبح للإخوان بعد تزكية بعض الأعضاء .

على ذلك فإن جماعة الأخوان هما :-

1- جماعة سياسية لها مرجعية دينيه صوفية وهعقيدة مؤسسوها الأوائل .
2- جماعة ملتزمة بأخلاق الإسلام وتدعوا له .
3- جماعة على ثقافة عالية وإدراك سياسى .
4- جماعة تحتوى جميع التيارات ولا تكفر أحد .

5- إتجاها ديمقراطى علمانى بشكل إسلامى .

6- دعوتهم للقومية الوطنية هى قومية ((إسلامية وطنية ديميقراطية)) .

7- عقيدة تتميز بالتشكل اللادينى والدينى طبقاً لما تقتضيه المصلحة .

وعلى ذلك : فإن الإلباس القومى قد أوهم عليهم وقد فعل معهم ما فعله مع العلمانين من الدولة الشيوعية الوليدة بشكل عربى أيضاً ألبس عليهم فكان الصراع بين جماعة الأخوان مع نظام الإشتراكية أو الشيوعية الأولى صراع سياسى له مفاهيم قومية بين الطرفان وكان النظام الشيوعى فى زمن جمال عبد الناصر يعتقل منافسة السياسى من الأخوان وكان يعتقل التنظيمات الشيوعية أيضاً والتى على نفس القومية ولكن لماذا يكون الإعتقال للمنافس السياسى الإعتقال للخلاف فى تناول مفاهيم تلك القومية فالأول : بإتخاذها أى القومية الديمقراطية الجديدة مفهوم إسلامى .

الثانى : أى شيوعى يأخذها بمفهوم متطرف فى أى يريد تطبيق المرحلة العليا للشيوعية قبل المرحلة .

<u>الحكومة والنظام لها رؤية الدولة :</u>

والخلاف فى الصراع على ذلك الكرسى كأفراد وثانياً التطبيق ما يراه هو من قوانين .

المسخ فى مرحلة السادات

قد حاول أنور السادات أن يجد الشخصية والهوية والقومية المصرية وساعده فى ذلك أنه لم يكن من زعماء الثورة الإشتراكية بل على العكس فقد كان مرتبط ويهيأ بشكل ما مثل عامة المسلمين المصريين فهم يحبون الدين ويميل الفلاح المصرى إلى التدين ولكن وجهة الدين صحيح الدين هو يبحث عنها ولكن نظراً لجهل الساسة لتقديمهم الهوية القومية الوطنية التاريخية ولرغبة العلماء فى التميز بزى رجال الدين وزى الكهنوت

المسيسين يقفون والذى لا يحرفة الإسلام فلم يجد الفلاح المصرى من يرشده إلا قليل من طلاب العلم وعلماء الكهنوت المسيحيين يقفون لمن خالف دينهم بالمرصاد شانهم شأن جميع من تزين بزى رجال الدين فى البلاد الأخرى .

السادات وجد فى الهوية المصرية القومية الإسلامية وجد فيها نفسه فقال فى أحد خطاباته أن عمر بن الخطاب مثله الأعلى وكان الموضوع أى موضوع الخطبة عن بناء الدولة ومكانة الإسلام فيها وذكر العدلة ونحو ذلك وفى خطه أخرى ذكر أن كمال أتاتورك مثل له وذلك عندما ذكر بناء الدولة من الناحية العلمية الحديثة ولكننا قد ورثناها صفه وعادة من أباؤنا المصريين القدماء منذ عهد الفراعنة وهى كراهية بعضنا البعض وعداوة بعضنا لبعض وطمس نجاحات وإظهار عيوب لماذا هذا جزء من ثقافات حتى فى الإسلام فقد و وحى الرسول الله صلى الله عليه وسلم ربه سأله ثلاث دعوات فأعظه الله إثنان ولم يعظه الثلاثة وهى أن تهلك بعضا بعض ودعى النبى أن لا يسلط علينا عدواً من غيرنا لذلك كنا نحن أعداء أنفسنا وسبب للتسليط الخارجى علينا .

والحقيقة أن السادات أخرج المعتقلين من السجون وحاول أن يبدأ فى مصر دولة إسلامية على حسب رؤيته هو لتلك الدولة وفكان شجار معركة أكتوبر – رمضان (الله أكبر) فانتصرت مصر رغ أنها بعتاد دفاعى وهزمت مصر فى 67 رغم انها كانت بعداد دولة عظمى أعطتها السلاح حليفتها وولتها فى تل الفترة (روسيا) حتى أن فى مذكرات (موشى ديان) أنه قال قد سلحنا الجيش الإسرائيلى من مخلفات الجيش المصرى وهو يهرب فى سيناء ويترك سلامة ومعلوم أن سبب نصر مصر بالذات هو الإسلام وليس شئ أخر وسبب هزيمة مصر هى التخلى عن الإستلام وليس شئ أخر وهذا التحليل العلمى للتاريخ وهو ليس مجالة الأن .

تأسس فى الجيش المصرى المساجد فى عصر السادات والجوامع وأن الضابط يصلى بالجنود والقائد يصلى بالضباط ويكون مثل أعلى إسلامى بعد ما كان من يعنى منفرد فى العصر الشيوعى الناصرى يراقب فى مصنعه أما فى الجيش فأمر أخر وبدأ السادات فى تغير الدستور وكتابة دستور غسلامى بعد دستور 71 كبديل عنه وذلك بعدما إستيراد الجماعة الإسلامية من باكستان عام 74 سمح لها وللأخوان وللجماعات الإسلامية الدعوية لإنهاء الثقافة الشيوعية من مصر وكان هذا الدستور وهو موجود على الإنترنت دستور 78 وهو على النت بعنوان ((دستور مصر 78 أو 79)) أقرا بنوده دستور إسلامى للدولة الإسلامية فى مصر لإيجاد القومية الوطنية الإسلامية الضائعة وتمت عرقلة وتأجيل إصداره من الكتاب العلمانين ورجال الأزهر حيث أنهم وجدو بعضهم أنه لا ينفع بهذا الشكل فى تلك والبعض الأخر وجد تأجيله لحين إستلام باقى الأرض من إسرائيل من السادات فى إضاعة إقتصاد إسلامى بمشاركة الملك فيصل ملك السعودية لكى يكون بديل عن الإقتصاد الربوى واكن أول بنك هو بنك فيصل الإسلامى بدء بالتمهيد عملاً بنصيحة الأزهر التمهيد للنظام الإجتماعى الإسلامى فلم يلغى الخمور والملاهى بل بدء بحصرها فى مكان معين والتضييق بالقانون على إستيراد والخمور وإلغاء العرى والرقص من التليفزيون ثم فرض زى معين على النساء (وذلك مما أسماه بقانون العيب وقوانين أخلاق القريه المصرية) فى الشارع غير الدستور 71 إلى مادة الشريعة الإسلامية هى المصدر الرئيسى للتشريع (مبادئ) وهذا يعنى ان المصادر للشريعة وللقانون هى الكتاب وصحيح السنة المقطوع به وكان هذا البند غير موجود فى دساتير مصر من قبل وذلك أى هذا البند لفترة ما وهى الشهيد ثم إطلاق دستو مصر 79/78 .

وكذلك قام السادات بتقنين الشريعة الإسلامية لتكون بدل للقوانين الوضعية وشكلت بعثة من الأزهر بمعرفة أ.د / أحمد عمر هاشم ، أ.د/ سيد طنطاوى ، أ.د / عبد الفتاح الشيخ (على ما أذكر) وبعض فقهاء القانون وتم بالفعل تقنين الشريعة بدل القوانين الوضعية

وكان للأزهر دور كبير فى ذلك سوف يذكره البحث لاحقاً وتم تصويت مجلس الشعب عليه عام 79 برئاسة د. صوفى أبو طالب والحقيقة أن الجماعة الإسلامية وقتها و إنشاء الجماعة الإسلامية وقتها إنشاء الجماعة السلفية والجبهة السلفية وبدو وميلشيات تنظيم الجهاد ويرجع الباحثون الأمنيون أن تنظيم الجهاد خرج منه الجماعة الإسلامية والتى تبنت منهج مخالف للجهاد اما الجهاد فأصبح ميلشيات عسكرية ويجب أن ينتبه الباحثون والمحللون والإعلاميون لهذا الكلام وأن يكونوا حريصون على عدم الفهم والفبركة مستغلين جهل أغلب الناس بذلك لأن أصحاب الفهلوة هم من شكل الثقافة المكذوبة فى ذلك وهممن أبواق الحكومات أصيل فكر الحكومات المردد لرغبات دول معينة فأطلقوا ما يسمى بالإسلام السياسى ، تيار الإسلام السياسى ، الأصولية ثم بعد ذلك إلى التطرف ثم لأن ومنذ زمن مبارك وبعد غطلاق أمريكا لكلمة الأرهاب فطبعاً على الأسياد تقرير الحقائق وعلى العبيد الطاعة والتنفيذ وكل تلك المصطلحات لو بحثت لوجدتها من مصطلحات العلمانية فى حربها مع الكنيسة فى عصر النهضة والعصور المتوالية بعدها ثم صدرت لنا هذه المصطلحات لتلك القضية وهنا ترتكز فى نقطتين ثم ثالثة .

الأولى : الرؤى المختلفة بين السادات والجماعات وأيهما أولى بالحكم طالباً هى دولة إسلامية وذلك بعدما خطب السادات وقال (أنا زعيم مسلم لدولة إسلامية يسكنها أقباط) فسياسية السادات فى تناول تلك الدولة لم يعيش الجماعات خاصة أنها جماعات مصرية أى تحمل الصفات الثقافية الموروثة كما ذكر إليه البحث فكانت عامل ساعد فى أسلحة الدولة وذلك فى :-

أ- الدعوه وسرعة الإنتشار
ب- حل محل الأزهر فى التواجد بين الناس
ج- جذب العديد من الجماهير لتلك الدعوه الإسلامية

د– محاولـة التطبيق العملـى للأسلام معتدين علـى الشكل القانونى والرسمى لأسلحة الدولة ومعتدين على مساعدة الرئاسة لذلك .

ومـع ذلك تصورت الجماعات أنـها دولـة لـها حـق مثل ممثلوا القانون مثل الشرطة ونحوهم ولم تقتنع لذلك فبدل مساعده رئيس الجمهورية لإنقسام القومية الإسلامية كانوا عقبه فى ذلك خاصة بعدما حاول السادات تحويل المنطقة كلها لذلك الأمر أى للقومية الإسلامية وذلك بـ :–

أ‌– تشجيع ودعم السودان بتطبيق الشريعة الإسلامية وأسلحة الدولة
ب‌– عمل وحده بين مصر وليبيا والسودان .
ج– التعهد بعدم إقامة دولة غي إسلامية بالمنطقة بالسياسة وبالقوة .

د– السبب العدائى بين مصر وليبيا القذافى ذلك بأن الثانى حاول بل أقام دولـة شيوعة .

والحقيقة رغم خلط السادات فى هذه القومية بين عناصر أخرى ثل العروبـة والإنفتاح وغير ذلك ولك ن كانت رؤية هو يراها الأقضى بموقف القومية الإسلامية الوليدة بمصر على أنها قومية وطنية وليدة ويؤخذ علـى السادات بالنسبة للقومية أشياء مثل النظام الجمهورى والديمقراطية فى ألفاظة والأحزاب ولكن السادات كان يلاعب سياسياً هو يراها لا تضر القومية الإسلامية بل تحميها حيث أن الأحزاب للشكل أمام الأجانب ولمحاولات العلمانيين بالداخل وكان يتحكم هو فى إصدار وإلغاء الأحزاب بل جعلها أحزاب للشكل فقط أماالنظام الجمهورى فالجهل السادات لذلك وكذلك ألفاظة بالديقراطية التى كان كافر بها وأنا ارى ذلك بسبب جهل رتب الجمهورية وعدم المساعدة من الأخرين بل محاولـة الخصوم توريطه وتجهيله ولا ينتظر من رئيس الجمهورية بأن يكون عالماً بحل شئ

وأرى أن لو كان هناك مساعدة خاصة من الجماعات الإسلامية للرياسة لكانت مصر أسست وأنشأت بالفعل أول إمبراطورية قومية إسلامية فما العصر الحديث .

ثانياً: أ) جهل الجماعات الإسلامية التى يبرز فيها شكل الدولة مثل الجماعة الإسلامية وتنظيم الجهاد جهل بالشريعة الإسلامية وذلك كلام بعض زعماء الجماعة عندما قابلتهم أثناء الإعتقال صرحوا وكذلك فى كتب بعضهم أنهم كانوا مبتدئون يتحملون من كتب حيث أنهم كانوا بتخصصات غير دينية .

ب) ضخامة الدور السياسى الملقى على عاتقهم من الدولة وقتها فالبرغم من ضئالة الحجم الشرعى فإن المطلوب هو إنشاء دولة بمساعدة الرياسة أو العكس .

ج) العقدة المصرية القديمة وهى : –

يتصور الجميع انهم زعماء وعلماء وأبطال ولا مجال للتعلم بل من العيب التعلم وأن يكون لك رئيس أو نحو ذلك ما هو إلا قدح فيك حتى الذى يرضى بذلك فإن رضاه يضمر الإنتظار لكى يكون البطل المنتظر فكلنا يمشى فى الشارع ويتصور أنه فتى أحلام كل إمرأة وإذا نظرت أحداهن عقوداً يتصور أنها إحدى المغرمات به وكذلك الفتيات فتتصور أنها مطمع لكل شاب بل أنها هى فتاة أحلام الجميع .

وعلى ذلك فلم تقبل الجماعات إلا دور البطولة الذى يلح عليها وأن الإنقلاب فى مصر سهل كما فى بعض الدول ولكن السؤال هنا هل الإنقلاب على أنور السادات كان للإسلام أى لإقامة دولة إسلامية أم لكى يتصدر زعماء الجماعة الإسلامية والهادية كميلشيات وغيرهم يتصدروا دور البطولة فى ذلك ؟؟ !! .

هل كان للإسلام ام كان لأغراض ومطمع فى الزعامة والبطولة التى لا تتنازل عنها أيد ؟؟؟! أو ما معنى أن يصدر زعيم الجماعة الإسلامية وهو الشيخ / كرم زهدى كتاب بعنوان (السادات مات شهيد) ؟!!؟

لقد سألت عن معنى ذلك وأنا معتقل بتهمة الإنضمام للجماعات الإسلامية وتهم أخرى على مدار خمسة عشر عاماً متفرقة سألت عن ذلك بعض مشايخ الجماعات من داخل الإعتقالات .

ملحوظة : عندما أغتيل السادات كنت فى الصف الثانى الإعدادى فى الأجازة الصيفية.

أما الرد على السؤال فسوف تجيب معى فى الأوراق القادمة .

المـــــــــسخ
الأخيـــــــر

يبـــــدأ بـــزمـــن
مبــارك

وهذا الزمن وما أدراك ما هذا الزمن زمن الفتن زمن الضباع فى هذا الزمن أول ما فعل مبارك إستقطاب الجماعات الإسلامية والتنظيمات والجمعيات الإسلامية ونحو ذلك وبدأ بهدم ما حاول السادات بناؤه من إستعادة القومية الوطنية الإسلامية بمصر فرفع شعار عليه الدولة حتى أن أحد الكتاب الموالين لمبارك كتب هدية مبارك لأقباط مصر دولة علمانية وليست دولة إسلامية ثم قام مبارك بوضع قوانين تطبيق الشريعة الإسلامية بمصر والمشاريع الملحقة بها والتى تم وضعه فى زمن السادات قام بوضعها بمخازن مجلس الشعب وكان ذلك فى عام 1994م (لمن أراد أن يتأكد من ذلك) وأنهى بذلك التواجد القانونى والسياسى وأسقط قوائم الدولة الإسلامية ثم جعل من مصر جزء لا يتجزأ من إتحاد الدول التى ترأسه امريكا وحلفاؤها فأصبحت مصر وإسرائيل والأردن أهم حلفاؤها أمريكا فى الشرق الأوسط ثم لحقتهم السعودية حتى أصبحت السعودية هى الممثل القانونى لأمريكا بالشرق الأوسط وأنا لا أدرى لماذا يكذب السياسيون المتعاونون مع جهات الدولة بشكل رسمى الكذب على شعوبهم مثلما قال لهم (كولن باول) أحد وزراء الخارجية الأمريكان ونشر ذلك بعنوان (لماذا يكذب حكام العرب على شعوبهم) وذلك بالشكل الرسمى ان بلادهم جزء تابع لأمريكا وحلفاؤها من أوروبا وأمام شعوبهم أن أمريكا هى العدو اللدود وعلى المستوى الرسمى والشخصى لهم أن إسرائيل هى الصديق والشريك والأخ وعلى المستوى الشعبى أن إسرائيل هى العدو والواجب المعالمة على ذلك على ذلك والحقيقة إنها لعبة المتاجرة بالشعوب والبلاد للمصالح الشخصية وليس هذا مجاله الأن ولكن يكفى أن تعلم أن السياحة الجنسية فى إسرائيل القائمين عليها الداعمين لها هم العرب عامة وعرب الخليج خاصة (إلا من رحم ربى) والحقيقة إن حصر جرائيم وذلك العصر ورجالة فى حق القومية الوطنية أكبر من ان تحصى فى كتاب أو يجده كهذا ولكنها بعض المحطات لكى تعلم وكى نعلم المستقبل يجب أن تعلم الماضى والحاضر ولتعلم أن الحاضر هو نتيجة الماضى وأن الحاضر هو مقدمة نتيجة تسمى المستقبل

ولتعلم أن الشكل العام للشئ أى الشئ حتى يكتمل يجب أن يمر بمراحل تراكمية بتحمل من الشخصية تطورات من مقدمة لنتيجة ومن نتيجة تكون مقدمة لنتيجة أخرى فالعشرة لا تكون إلا إذا كانت واحد ثم إثنين ثم ثلاثة حتى تكون عشره ، عندما كنا ندرس فى الأزهر فى أوراخر التسعينات بعد خروجى من (معتقل العقرب) وقبل أن يصبح سجن العقرب انهم حاولنا تعلم الدين فكان الدكتور عبد الفتاح الشيخ بفتح دفعه للمؤهلات العليا من الشهادات المدنية المهم ونحن ندرس كنت قد تقدمت بطلب أن أدرس الأربع سنوات فى سنتين وكنت فى السنة الثانية ذلك لأن عندى ظروف لا داعى لذكرها المهم ، كان وقتها الأستاذ الدكتور / محمد أحمد سحلول عميداً على ما أذكر فأجلس وأكرمنى (عليه رحمه الله) وللعلم ماوجدت أفضل ولا أكرم ولا أعظم ولا أكثر علماً وتواضعاً وفهماً ودرساً من جامعة الأزهر ورجالها الأساتذة والدكاترة وهذا ما رأيت وتعاملت) المهم حاول غقناعى بأنه ليس بكثرة الكتب يكون الفهم فقال لى على ما أذكر هل إذا أتينا لرجل بكتب الطب كلها أصبح طيب أو كلية الهندسة أصبح مهندس فقلت لا فقال لى عندما تكون فى سنة أولى يكون عقلك فى حجم كذا بالنسبة للمواد فإذا نجحت وكنت فى سنة ثانية يكون كذا وبالجملة أقول ان الفعل يتناسب طردياً مع المواد ثم حكى لى حكاية عن عالم فى النحو ذهب إلى العراق وسئل عن أعلم أهل العراق فدل على رجل حديث السن فسأله عن مسأله فقال متلعثم لا أدرى مثله فسأله عن الأخرى فقال أيضاً لا أدرى حتى دب اليأس فى نفسه فقال له عالم النحو قبل أن يتركه وينصرف (لقد تذببت قبل أن تتحصرما) ويعنى ذلك أن العنب فى أول الأمر يكون حصرم أخضر ثم يطيب فيكون ناضج ثم يكون زبيب وهو عندما يصير قد وصل إلى منتهى النضج والمعنى أنك اصبحت شيخاً عالماً قبل أن تكون طالب علم وهذه آفه بلادنا كلنا علماء وكلنا كل شئ حتى أصبحنا .... !!! لم يقتنع أحد بأن يكون طالب للعلم لذات العلم ..... وعلى ذلك كان المسخ فى زمن مبارك على محاور عده نختار منها ثلاث .

المحور الأول :- هو تحويل الوطن والقومية إلى مجموعة رجال أعمال وهو على رأسها وأن القومية هى تحديد المصالح الشخصية لهؤلاء وتحول الوطن مجرد مكان لمشاجرة هؤلاء لمن يشترى ومن بدلوا بدلوه من الخارج والداخل وبما أن الوطن نفسه أصبح للبيع والشراء وأن مفاهيمه القومية والوطنية والإنتماء أصبحت نكت تعمل لأجلها المسلسلات والأفلام للسخرية منها كما حدث .

المحور الثانى : هو إشتراك أكبر عدد من الشعب فى تلك الجريمة بشروط اللعبة وهى قوانين تسن يتم الإستفادة منها لمن يستطيع والسلعة هى الوطن ذاته وعلى قدر المتاجرة بالوطن بالقانون به على قدر ثراء البعض وغيرهم فأصبحت المشاجرة على كل شئ وأى شئ ولا حرمه لشئ حتى يبيع الإنسان نفسه ويبيع أجزاؤه أو سرقتها ومن هنا تغيرت خريطة القيم فأصبح أصحاب الأموال من الطرق المذكورة من الرشاوى أو العملات والمخدرات والإستيراد والتصدير ضد الإقتصاد القومى والحقيقة فإن القومية هى التى تقوم بتشكل الفرد والمجتمع فإن القومية الوطنية الإسلامية لها عقيدة وسمات بتشكيل كما ذكر البحث فى شكل قانون ودولة وهذا من شأنه تشكيل شخصية الدولة والمواطن وقد كتبت فى ذلك فى جريدة الجمهورية فى عام 2000 بالملحق كشكل ابحاث وتحت مصادر تها المهم أن القومية الإستعمارية التى تبناها مبارك وكان الحقيقة مثال فى حراسة عبودية الأسياد وكان خير أمين على تلك العبودية عبر عنها أصحاب الدولة الإسرائيلية بعد ثورة 25 يناير وبعد ذهابة مع (الويا) كان تصريح قادة إسرائيل بلفظ (هذا يوم أسود على إسرائيل تنحى مبارك) .

وبعبارات أخرى وتصريحات حكومية حتى أن البعض ذكر بما معناه ان الإستراتيجية الإسرائيلية قد إهتزت ولن نتكلم عن إنهيار القومية فى ذلك الزمن والبعد العام للأمن القومى والمعاهدات الولية لمكافحة ما يسمى بالإرهاب وبمشركة الدولة فى الإستراتيجية الدولية العامة لتكون جزء من الأمة الأمريكية بعد نتكلم عن ذلك فليس مجاله ولكن هذه

جريمة الخارجية ما كانت تحدث لولا حدثت الجريمة الداخلية فى حق القومية الوطنية وهى إصدار قوانين إقتصادية وسياسية كان من شانها تأليف مجموعات وأفراد إقتصادية من أرذل الناس قبل ذلك أستطاعوا تكوين سياسى بمراكز قوى إقتصادية تحكمت فيها بعد فى إصدرات سياسية وقوانين بل وإحتكرت صناعة القرار ومن ثم فإنها قد نقلت أخلاقها والتى هى أخلاق ومبادئها التى لا مبادئ وان إنتماؤها الوحيد للقومية المادية فكان من ذلك المشاجرة إعلامياً وإقتصادياً بالمبادئ والثوابت الإجتماعية والتى هى من البقايا الرمزية للقومية الوطنية فأنشأت شئ لم يسبق له مثيل فى الأمم وهو المتاجرة بالثوابت القومية مقابل إستقرارهم حراس على فلسفة العبيد من قبل القوى الخارجية بل وأنشأت أخر لم يسبق له مثيل من الأمم وهو إنشاء وإعداد وهمية داخل الأمة وأمريكا حتى تكون حراستهم على تلك البلاد وسببه بل مدعمه من قبل أصحاب القرار بالخارج فأوهموهم بوجود خطر التطرف على نقودهم وسيطرتهم على البلاد بل وأهموهم انهم هم فقط من يستحق إستعطاء الرضا ولإخلاصهم للأسياد وكانوا يبالغون فى البحر على الشعوب ولنا فى القذافى مثل كيف صرح هو كيف كان يوهم أمريكا وأوروبا انه حائط صد لهم ضد ما يسمى بالأرهاب ولعدم الهجرة مذاعه غير الشرعية وأنهم أن لم يساعدوه ضد الثورة سوف يكون فى حل من ذلك وكانت أحاديث القذافى على الهواء كما انه صرح هو وأبنه سيف الإسلام كيف كانت الإتفاقات بينه وبين مشايخ وعلماء من بعض الدول العربية ومنهم سفر ومعرفون بالإسم كى يأسلموا حكمه وحكم مبارك وكيف كانت تلك الإتفاقات بالمقابل المادى وسرعة إنتشار الدعوى وأى قناع زائف كانوا يضعون هؤلاء الدعاه وكيف تسببوا فى إنهيار ودمار قومية وطنية وكطيف تسببوا فى خداع شعوب .

وقد علمتم كيف كان إحتكار الإستعمار الداخلى فى زمن مبارك من نهبوا البنوك ثم عادور رجال أعمال وكيف وإن روز اليوسف عندما نشرت كيف يشترى المسئولون السابقون فى زمن مبارك القطاع العام ومن أين لهم ذلك بعدما تسببوا فى خرابه لكى يشتروه كيف كان

بيع الوطن وبيع الأمن الإقتصادى القومى وكيف وصل هؤلاء من إقتصاد لمراكز سياسـة وتنفيذيـه ولك أن تعلـم من أسس الرسوم الخفيـة لـدخول كليات بعينها وأنتـم تعلمون ! وكيف أنتم تعلمون كيف كان وبكم يدخل الفرد هيئة معروفة ثم تدعى العدالـة ونشر القيم وبالجملـة قد تأسس فى الداخل خراب إستعمارى من فئات معينة من الشعب كفيل بتأسس خراب خارجى ولم يكتفى الأستعمار الداخلى بذلك وكيف لا وقد تأسس فيهم بل وأسسوا ذلك بين طبقات الشعب وكلنا يعرف أن أغلب طبقات الشعب كان يفعل الأفاعيل لكى يكون أحد أفراد عائلية من يدخل كليات كذا وكذا أو يدخل ضمن جيشـه كذا وكذا بل وأن أغلب طبقات الشعب كيف وصل بهم الخراب القومى بأن يدخل مجموعة لـهم من يحمهم من جيشه كذا أوكذا ذلك حتى يتموا مصالحهم والتى هى فى الغالب ضد مصالح الوطن من بيع أراضى مسروقة من الدولـة أو تجارة مخدرات أو أو المنـاهج و الغفلـة عن قوانين مدنية من حق الشعب تحصلها الدولة أو كيف يستخدم القانون ضد القانون او نحو ذلك مما جعل كثير من فئات الشعب شريك فى قوانين مبارك الغير قومية وإهدار القومية الوطنية بل والمتاجرة فيها وإحـلال محلها القومية الفردية للشعب (وكل برغوث على قد دمه) حتى وصل بأصحاب المراكز والقائمين الأمر فى ذلك العصر التى حلت بـه اللعنـات أن يتاجر بمرض الشعب وكانوا يضربو الإنتاج القومى لكى يستورد بالملايين على حساب الشعب بل وصل بهم الفجر من يتوصل إلى علاج أو دواء كان يزج بـه فى السجون بتهمـة الإرهاب حتى يدمر تماماً وكيف وصل بهم الأمر فى فكرة شيطانية لا تفعلها الشايطين بذويهم ومجتمعاتهم تم إستيراد دواء السرطان بالملايين فلما بلغت اللعنـة مداها عندهم إستوردوا هم مرض السرطان نفسه وكانوا يطمعون النـاس كى يزيد المرض ويزيذ الإستيراد ويزيد التحكم بل ويخرج شعب مريض لا يقوى على المنافسة أو الكلام فى أمر يخص الوطن بل ويتحقق بذلك تفوق الأسياد تحقق نظرية العبيد وخلفتها ويتأكد أنهم هم الحراس المخلصون لهؤلاء الأسياد كان الأنصار الأمريكية والأوربية عن ذلك الشعب هم

من صنعها بل وكان من ضباط الأمن بمصر وبعض البلدان من الأردن يملون الضباط الأمريكان فى (جوانتناموا) المعتقل الشهير كيف يعذبون وكيف يستخرجون المعلومات بالتعذيب هذا عن شهود وعيان وكذلك فقد ثبت أن المعتقلات بمصر والسعودية أشد عذباً من معتقلات أمريكا وإسرائيل للمسلمين وأذكرها طرائف منها :-

1- مده كنا معتقلين وكنت معتقل بتهمة تشكيل تنظيم لتحرير القدس والمسجد الأقصى فدخل علينا مجموعة معتقلين من باكستان فظنوا أننا معتقلون بواسطة السلطات الإسرائيلية ونحن فى إسرائيل وليس مصر حتى أقنعناهم بشق الأنفس أننا فى مصر وأن إسرائيل لم تبلغ فى عداوتها للمسلحون والإسلام أكثر مما رأوا .

2- كان هناك معتقلون مصريون بالسجون الإسرائيلية وعندما أبلغوهم كالأتى وكان الكلام على لسان ضباط الموساد الإسرائيلى قالوا للمصريين وهم أحياء يرزقون (سوف نفعل بكم عملاً هو أشد عقاب لكم وهو سوف نسلمكم للسلطات المصرية فما كان من المعتقلين المصريين أن يتوسلوا الضباط الموساد بأن لا يفعلوا وأنهم لا يريدون إلا البقاء وكانوا فى حالة هلع يا عزيزى القارئ أنت لا تعلم شئ عن حقائق كثيرة فيجب أن تترك الجهل أن يكون سيدك لانك سوف تفقد وطنه ونفسك إذا فقدت قوميتك الحقيقية رغم إن قومية العبيد ورغم قوة حراسها .

ولعلك ترى بنفسك كيف يكون التعليم والمهنية وغيرها فى قومية العبيد فى زمن مبارك فإن سيطره تلك الفلسفة واضحة فيها كنتيجة كيف بالنظام الطبى والصحة وكيف يتم المتاجرة بالناس بل فلسفة تجارة العلاج والأمراض فضلاً عن الجهل الحقيقى لدى الأطباء بالطب أنها منهجية مدروسة حتى تفرغ وتمهد عموماً والتعليم خصوصاً من مضمونه حتى يتناسب شكلاً مع قومية أغلب أفرادها لا يدركون وتلهث ثقافتهم فى ذلك نتيجة قومية

التى صنعها الحراس لإثبات ولاءهم وإخلاصهم للأسياد فكانت قومية الأفراد بدلاً من القومية الوطنية .

ونحن هنا بصدد صدور مرور الكرام على قوميتنا فأرجوا الإنتباه من الشباب

أولاً :- إن أمريكا وإسرائيل وأوروبا وغيرهم يعلمون المصالح بلادهم فلماذا تعايهم فإنك من صنعت القرار لكر تتاجر به ولا تنتظر من غيرك أن يبحث عن مصلحتك فإن أمريكا وأوروبا تجد من الفعل سواء مصطنع سوء القومية وطنية او غيرها وهى رد لذلك الفعل بما تقتضيه المصلحة أتلوم دولة أو دول تبحث عن مصالح وطنها وأنت التأهه لا تعرف حتى بمعنى الوطن بل ويضيع منك الوطن لمجرد أنك تربيت ونشأت بانه لا وطن إلا نفسك وبيتك أتلوم غيرك على قوميته ؟ وحرصه على بلاده إن قوماً يسرقون لا تخصهم ليدعم بها قوميته ووطنه وكان قوميته خير من قوم يجهلون ما فى أيديهم من قومية ووطن قد يكون سبب عزتهم وتسيدهم العالم إن المبدد للنعمة أسوء من سارقها ليعزها لتعزه إن من يتحدى العالم يجنى مجداً لقوميته الموروثه التى تحمل هويته وهوية أجداده أجدر بالتقدير من قوم يتجاهلون قوميتهم ليلهثوا وراء قومية غريبة عليهم إن قوم يبحثون عن أصولهم وتدعيمها خير من قوم يتبرأون من تاريخهم وأصلهم القومى ويلهثون وراء مسخ القومية وفى زمن تتسارع فيه الأمم تتسيد بعضها على بعض فى حين أن هناك قوم قد حلت عليهم اللعنة بسبب تركهم قومية هى سبب عزه أباءهم منذ أن كانوا عبيد للأمم ويلهثون وراء أغلال كانت فى رقبة أباءهم الأولون لتمضى اللعنة فى مسارها وليتحقق بأيديهم فلسفلة العبيد ، عبيد لا يحررها قيود .

المحور الثالث

وهو يتلخص فى الجماعات والتنظيمات الإسلامية وبالتحديد فى زمن التحدى تحدى ضياع الهوية فى التسعينات وفى التسعينات كانت الجماعات والتنظيمات الرئيسية والفعالة للوقف فى ذلك العصر هى :-

1- جماعات دعوية   2- جماعات لها بعد سياسى

الجماعات الدعويه :-

1- انصار السنة المحمدية
2- الجبهة السلفية أو الدعوه السلفية
3- الجمعية الشرعية

فجماعة أنصار السنة كنت عضو منتسب فيها وقد تربيت فيه النشأه الأولى وكنت أحظى فيها بالعمل فى الدعوه على منهج جماعة أنصار السنة التى أنشئت عليه الجماعة وقد ذكرتها سابقاً وقد كان لى قريب هو رئيس أحد فروعها وأحد المؤسيسين من الجيل الثانى بعد جيل الشيخ حامد الفقى الحقيقة قد تعلمت فيها التوحيد من خلال العمل الدعوى ، وصاحبة قريبى حيث كنت مقيم على خدمته لظروفة الصحية ، ولدراستى فى معهد أثار السنه للدعوه والشريعة على منهج المهاجرين والأنصار العهد الأول وكان برعاية المملكة العربية السعودية منحة معهد الدعوه بجامعة الإمام محمد بن مسعود والثانى معهد الدعوه بالمركز العام بالقاهرة ، والحقيقة أنى قد أستبعدت من الجماعة سواء منتسب أو عضو عامل إن لم أصل إليها وذلك بسبب ظروف إعتقالى لأول مده عام 95 وذلك بمعتقل العقرب ثم توالت الإعتقالات بعد ذلك ولإتهامى بالإنضمام والعمل مع الجماعات والتنظيمات الإسلامية المناهضة لنظام الحكم والتى تعمل على قلب نظام الحكم بالقوة العسكرية (ميلشيات) وكان ذلك من إفتراءات الأجهزة الأمنية وقتها ثم تولت بعد ذلك إدارة مكافحة الإرهاب وما أدراك ما هى مكافحة الإرهاب فالإعتقال أهون منها بكثير

فتتحول من عالم فى البحث لعلمى أخبارك فى الجرائد والمجلات العلمية إلى لا شئ دميه تنتظر الموت فى كل لحظة يتمنون منك أن تخطئ بل ويسهلون لك الظروف النفسية والمادية والإجتماعية حتى تتحول إلى قوة مدمرة لكى يثبتوا للعالم وللحاكم أنك إرهابى تستحق المكافحة وهم يضعون على وجوههم قناع الوطنية والعمل من أجل الوطن .

المهم ظلت أنصار السنة على عهد جامع أطرافها السالفة الذكر ومنها إقامة المجتمع المسلم وأن كل مشرع من دون الله معتد على الله سبحانه فى حقه حتى تحالفت أنصار السنة مع نظام الحكم ونكثت على عهدها وكفرت بأهدافها الأولى فكان جيل عصر مبارك من أنصار السنة مع الأسف وبال على الأمة وعلى أهداف أنصار السنة والغريب ان حدوث ذلك مواكب لمواله المملكة السعودية للنظام السياسى التى وضعته أمريكا وبداية إخراج للناس دين خالى من كثير من التوحيد الذى هو لمصدر ذلك الدين فى كثير من أحيانه ومبدل فى كثير من أمانة وهناظهر مشايخ ودعاه لتلك المهمة من أنصار السنة ولاؤها ليس لكتاب الله وما صح عن رسول الله صلى الله عليه وسلم بل ولاؤه من الدولة ومباركة ونظام الحكم ل وأسلمته مما يحملهم وزراً ما حدث وما يحدث وما سوف يحدث من تغيير لهوية الأمة وتغيير لقوميتها وقد رأيت ذلك مع الأسف ذلك بأم عنى وكانت الصدمة من أول حضور ضابط من أمن الدولة لكل إجتماع لمجلس إدارة الجماعة حتى لو كان مجلس إدارة فرع من فروع الجماعة ورضاه عن جدول الأعمال فكان جدول الأعمال يوضع طبقاً للتوجيهات الدينية وللقوات والأسس التى تضعها القيادة السياسية متمثلة فى أمن الدولة بل ويوقع الضابط على كل محضر جلسة وللأسف كانوا ممن دعوه بالمشاركة مع الدعوه السلفية للدخول بالحزب الوطنى وقد أنهت أنا كثير مثلى فى الأوقات التى أقضيها بين الأعتقال والإعتقال أتمت بمحابمحاربة الدعوه السلفية وانصار السنة بل والأخوان المسلمين تعاونهم مشاركتهم لنظام حكم الحزب الوطنى حتى فى إنتخابات مجلس الشعب فإن جماعة انصار السنة تجذب الأصوات لمرشح الحزب الوطنى

وفى إنتخابات الرئاسة كان الدعم المادى والمعنوى و البشرى بل والإعلامى هذية من أنصار السنة لمبارك حتى إنى قد دارت معركة بينى وبين قريبى رئيس فرع أنصار السنةبعدما وجدت صورنه وصورة مبارك للمبايعة وكلام كأنه يبايع أحد أحد أمراء الدولة الإسلامية وكانت انصار السنة للحق من أشد الناس ولأن لنظام مبارك ولا أدرى ما هى طبيعة اللحية أمام عوام الشعب (معذور شعب مصر والشعوب الأخرى) .

الدعوه السلفية

وما أدراك ما هى الجماعة السلفية فى موالاتها للحكم بغير ما أنزل الله ومشايخهم يملئون البلاد ويخدرون فبأى قناع زائف يضعون ؟ وبأى قلب منافق نفاق إعتقادى يعتقدوى وبأى ضمير جاهل ميت يعيشون ،

أولاً :- إن هذه الدعوه ليست بجماعه حيث أن الجماعة لها تكوين هرمى رئيس ومساعدين وأمراء فالأولى والأدنى ولكن واحد عمل فى هرم واحد وهذا غير موجود عند هؤلاء فمن أراد أن يكون من الدعوه السلفية فعليه أن يصبح من النوم يترك لحيت ويلبس جلابية العادات المصرية حيث أن النبى صلى الله عليه وسلم وحجه لا يعرفون كلمة جلابية وليس هذا فحسب المهم ثم يمضى المرء فى طريقه إلى الصلاة فى المساجد ويصاحب من هم على ذلك المسموح لهم من أمن الدولة فكان الكثير من الشباب صاحب الفراغ النفسى والذى يشعر بالضياع والضعف يحتاج ان يبرر ذلك الضعف فكان يفعل ذلك فإذا فإذا أصبح من قوات اللص والذى يروح ويهيئ فإذا شتمه أحد وتركه يكون تركه ليس جبناً بل سماحه وقس على ذلك باقى الصفات وكانوا ينفقون إلى دين (الحرب الوثنى) فقد كنا نسميه كذلك فما ذلك الوقت وليس الحزب الوطنى فكانوا هم أى الدعوه السلفية من أصحاب النفاق إعتقادى وأصحاب الولاء لذلك الدين بل كانوا يدعون ذلك وفى المقابل كان السماح لهم أولاً :-

1- أنصار السنة

2- الجماعة السلفية

3- الجمعية الشرعية

4- الأخوان المسلمين

5-العوام الملتحين الذين هم على دين الدعوه السلفية اوأنصا السنة أو الجمعية الشرعية أو حتى الإخوان المسلمين فكانوا الجميع عدا الأخوان .

أولاً : ممنوع عليهم الإعتقال مطلقاً أو المطاردة أو المشايخ او ما يسمى بمكافحة الأرهاب .

ثانياً :- أن يطلق لهم المساجد والتجمعات لنشر دين إسلامى من نافذه القومية الإستثمارية وتغير الدين الذ جاء به الرسول صلى الله عليه وسلم .

ثالثاً :- إنتقاء المتكلمين منهم وأصحاب الثقة أمثال فلان وفلان أن يتولوا ذلك لإخراج أجيال تنتشر وتردد أن من يخالف الحزب الوطنى أو سياسات مبارك أو دين الدولة المباركة أو أى دولة عربية قوميتها إستثمارية يكون من الخوارج التى يجب مساعده الحكومات فى القضاء عليهم .

رابعاً : تأسيس ملامح الدين جديد للناس بل وإنتشار أجيال جديدة قد رأيناها من أصحاب اللحى دينهم دين عوام وسفها المسلمين بل وإن عقائدهم جاهلية بحته وأن من كأنهم للجهل وكان يعهد لهم بالمساجد وبإدارة والمرشدون العاملون ع أن أمن الدولة فكانوا هم أنفسهم مرشدون على الناس .

وفى المقابل كان يطلق لهم كل مميزات التى يمن بها عليها أسيادهم وأولياؤهم من رجال السياسة بالدولة وكانوا فى أول الأمر يحرمون مجلس الشعب ثم ما لبثوا أن وجدوا الأخوان المسلمون لا يرمون بل يلهثون وراء ذلك مقلدين طرق الشيعيون فى

تقليد والإستحواذ على مناصب النقابات ونحو ذلك حتى مجلس الشعب والمجلس المحلى فهرعت الجماعات السلفية أصحاب الخرافات التى تتدلى كثير من عقائدهم أن يخطوا خطو الأخوان فى الدخول للحزب الوطنى نفسه ولما لا هم أصحاب الكثير من العقائد البدعية أصحاب العقائد التى هى من عقائد الصوفية فى كثير منها حيث أنك لا لاتجد منهم من يذكر لك الكثير من البدع وحكاوى مشايخهم من القرن العاشر الهجرى والسابع الهجرى أصحا البدع العقائدية ونحوها فكان ذلك أطول عمراً وأشد سلاحاً لأمن الدولة فى ذلك الوقت حتى قامت ثورة 25 يناير .

جماعات لها بعد سياسى

قبل ذلك يجب أن تعرف شئ أغلب المستشرقين والمتحذلقين من المسمون أنفسهم باحثون فى شئون الجماعات ونحو ذلك وأغلبهم كاذبون ومدعون فإن مصادرهم مصادر أمنيه ونحو ذلك ولكنك إذا أردت الحقيقة من أصحابها يعنى المعنيون بالأمر يعنى إما المعتقلون أنفسهم وهذا لو كان من المتكلمين أو من العلماء أو نحوهم حتى يبين لك الحقيقة بإسلوب البحث العلمى وإما أن يكون فى الطرف الأضعف وهم القنوات السرية الملحقة بالأجهزة الأمنية وأقول الأضعف لأن دورهم هم إجراء التحقيقات على منهج هم واضعوا وعلى حقيقة هى موضوعه سبق هم من أنشأها وليست حقيقة موضوعية حادثة وبالمناسبه إن ضباط التحقيق لا يحققون حتى يعرفوا الحقيقة فأنتبه فإنهم يسحقون لكى يأخذوا منك إفاة تنسيق الإفادة الأولى أن تثبت ما يدينك ولا يبرئك والإفادة الثانية وهى أن يخرجوا منك بمعلومات قواضى أو غالب لها علاقة بموضوع التحقيق المهم يجب أن تعلم أيها القارئ أشياء مهمه المعتقل ، السجن ، الإعتقال فى السجن ، الإعتقال فى معتقل .

<u>المعتقل</u> :-

هو مكان لا يعرفه إلا راوده وألياؤه فقط مكان ما فى صحراء أو مكان ما وهو عبارة عن مكان مثل المعسكر ويه حجرات منفصلة وبداخلى كل زنزانة وتكون أحياناً إنفرادى ومره غير ذلك (دلو) للبول وأحياناً لغيره وزجاجة للشرب وأحياناً أثنتان وللمعتقل قوانين تختلف عن السجن منها أنه قد يموت ولا يعلم أحد بمرض و لا دواء يعزب حتى الموت ويدخن فى الصحراء أو مكان ما دون علم أحد لا حقوق إنسان ولا حتى حقوق حيوان فالمعتقل أنشئ للتعامل مع أعداء أنظمة الحراس المعاديين لمقررى السياسات الخارجية لسياسات الداخلية وذلك بتوجيه خارجى بسبب التقارير الخاصة بحراس السياسات ولا يدخلها إلا فئات معينة لذلك (هناك إعتقال فى معتقل) .

الإعتقال فى سجن وذلك بعد هدم المعتقلات فى مصر وذلك عام 99،98 وذلك بعد المراجعات وإنتسابه الجماعة الإسلامية والجهاد ودخولهم فى دين الحزب الوطنى الأمن رحم ربى وسوف يأتى فكرة .

فكان السجن مكان إعتقال الجميع إلا اماكن خاصة محدودة جداً تكاد تكون لا تذكر فى أماكن غير معلومة وبعضها معلوم أخذ فى التطبيق فى أواخر زمن مبارك وهذا الفقط للأصحاب التصنيف الجديد وهو الإرعهاب الدولى أو تهديد السياسة المشتركة بين مصر وإسرائيل وأمريكا والأردن والسعودية فهؤلاء أصحاب سياسة مشتركة وعقيدة قومية عدا أمريكا وإسرائيل فإنها أصحاب إقرار السياسة وتحديد ملامح العقيدة القومية عن ضوء ما سبق ذكره .

والحقيقة أن أمريكا بعدد ما علمت ما تفعله السلطات الأمنية والسياسة فى مصر منها تجاهل المبادرات للجماعة الإسلامية حتى أن الجماعة كانت تلهث(أمراءها) وراء الحكومة والأمن المصرى من أواخر الثمانينيات وحتى تعطف عليهم الحكومة عليهم فى منتصف التسعينات حتى أن أمريكا علمت بذلك وعلمت أيضاً تزييف التقارير

الأمنية والتى تم الكثير من العلماء التجريبيين بالأرهاب وغيرهم حتى أمرت أميكا بإلغاء المعتقلات والمراقبة على ذلك وضيقت على الحكومة المصرية والأردنية أما السعودية فقد أظهرت معتقلات خضعت للرقابة الدولية وأخرى لا يعلم مكانها إلا الله ثم الأمن السعودى وقد علمت عن أحد الأخزة السودانيين المعتقلين تمهيداً لترحيله من السعودية مروا بمصر إلى السودان حكايات عن ذلك حيث أنه كان مقدمى الطعام لبعض المعتقلين والذى فزع من أول يوم عمل وجزاء لعدم الإفصاح عن ذلك تم إعتقاله وترحيله وكان من المعتقلات الذى تم هدمها فى مصر (العقرب) والحقيقة أن أمريكا بعض الدولة الأوروبية المهتمين بالشرق الأوسط خاصة مصر يتم التحقيق عليها بأساليب عده بعضها رسمى وأخر من أصحاب ما يسمى بالمجتمع المدنى تقليداً لنتائج الهويه والقوميه الأجنبية وذلك لكون المقلد أو المسخ لا يملك سوى التشهير الإعلامى وذلك لفقدانه مقومات أصل الشئ .

السجن فى سجن :-

وذلك للمحكوم عليهم بأحكام قضائية فقضاء العقوية داخل ذلك السجن سواء سياسى أو جنائى وكذلك الإعتقال داخل سجن هناك جنائى وهناك سياسى فهذا النوع والذى يسبقه وهو الإعتقال فى سجن يخضع للقانون العام وقانون السجون بل وحقوق الإنسان إن وجد نحو ذلك وأحياناً لا يخضع بهما إنتهاكات وهذ شئ آخر .

أما إعتقال المعتقل :-

فلا يخضع لقانون يخضع فقط لقانون البقاء للأقوى والقانون السياسى وقوانين الحراس والأسياد الخاصة لحماية وجودهم بقاؤهم ذلك إذا وصل الأمر لذلك كان الإعتقال فى معتقل .

الإخـــوان المسلميـــن

<u>كما ذكر البحث من قبل إن جماعة الإخوان من حيث الدين الإسلامي فهم:</u>

أولاً : دينهم دين عوام الناس بحاجة من خرافات بما يحمله من ثقافات لديانات دخل أصحابها الإسلام ولم يتطهر منها أصحابها بل اختلطت بالعقيدة الإسلامية فأنتجت عقيدة مختلفطة وهذه العقيدة عندهم فإذا كان القرآن هو الفرقان الذي يفرق الله به بين الحق والباطل والكفر والإسلام ويحدد الولاء البراء للكفر والإيمان فإن عقيدة الإخوان "يكفرون ما يكفر القرآن ولكن يكفرون ما يكفر المشايخ فتجد عندهم من يعتقد في الأولياء القبور والجن والعفاريت وتجد عندهم خرافات موروثة مختلطة بالعقيدة فضلاً عن عدم عقيدة الولاء البراء ونحو ذلك فضلاً عن أن بناء هيكل الجماعة مؤسسة يتقارب على عقائد مثل الصوفية إن لم يكن منهم لذلك فإن الشيعة عندهم من الأمة والصوفي والعامي والسلفي وغيرهم طالما قال الله اكبر ولله الحمد حتى عندما كان يحارب حزب الله وحمد نصر الله إسرائيل كانوا يطلقون الأناشيد والمسيرات ويرددون (هما هما هما حزب الله أعلى المهمة) وشبيه من ذلك وأن ذلك وأن كذلك العقيدة عندهم متسعة يمكن لها أن تتقبل أي اتجاه عقائدي داخل الإسلام وعلى ذلك فلماذا يميزوا أنفسهم بالجماعة أو التنظيم طالباً تلك العقيدة وفضلاً عن أن الهيكل التنظيمي نفسه أعده بعض العلماء من البدع لكونها ثم تكسر على عهد الرسول الله صلى الله عليه وكم وأن نظام الولاء بينهم مثل نظام الطرق القومية التي هي من صميم عقيدتهم فتجه عند الطريقة الشيخ الأعلى وعندهم المرشد

العام ويشابه أيضاً النظام الهيكل الشيعي ولو تمعنت لوجدت أن الجماعة تحوي مختلف الاتجاهات العقائدية.

ثانياً : الاتجاه السياسي : وهو يشابه الاتجاه الماسوني الذي يجمع جميع الأطباق العقائدية الملكية والإسلامية فرقها والعوام منها والديمقراطية ونحو ذلك وكذلك النصاري لهم نصيب في ذلك الاتجاه ولك أن تدكم من النصارى من مؤسس (حزب الحرية والعدالة) حيث أنهم لا يجدون غضاضة في مشاركة النصاري أعيادهم ومناسابتهم الدينية التي قد يكون بها مراسم للعقيدة الكنيسة.

ثالثاً: الأخلاق والأمانة: هم جماعة على خلق وأمانة وشرف ولكن يشوبهم بعض العنصرية والكبير على الأخرين فهم يرون في أنفسهم ما لا يراه غيرهم من الناس واعتقد إذا رجعت لعلم النفس لوحده أن أمراض الغرور الكبير لا تأتي لا من ضئالة في الذات والإحساس المبالغ فيه السطحية والإنجاز صاحب الأصالة ومع ذلك فهم أكثر التجمعات التي تطلق على نفسها إسلامية للتميز أو بسبب ليس مجاله الأن أكثر هم جمعاً للشهادات ولعلم أنهم أبعد الناس عن العنف وذلك عن مباشرة وتجربة تصل إلى قام فعلاً عن البحوث والمحاورات ونحو ذلك مما يكون أهل الباحث في بحوث البحث العلمي وإذا وجدت أو توهمت أن منهم عنف في مواقف يتطلب فيها ذلك فهم من باقي الناس فهم منهن وامتداد لعقيدتهم كما ذكرت بل وأنهم من أشرف عوام الشعب وأكثرهم ثقافة وانفتاح على التكنولوجيا ولتعلم أن من يقوم برد الفعل فيهم من العنف فهم من منتسبي أو محبي الإخوان وليسوا من صلب التنظيم.

ولتعلم: إن ما يروجه بعض محترموا في الإعلام من العلمانيين (المخ) من أن الإخوان في من الملك كانوا أو كمان بهم هناك للعنف فلتعلم إن ذبك كان من ضروريات العصر لوجود استعمار وبما أن الإخوان حراسة مثل غيرها وطنية فكان ذلك من الضروري لخدمة الوطن

ضد الاستثمار وعلاوة وإلا كيف تحررت مصر ألم تعلم كم كان من تنظيم سرى سياسي لمقاومة الاستعمارة كيف جاءوا الجلاء.

الأول : قبل حركة الجيش 52

ذلك أن تعلم أن الحزب الوطني (المقصود به الحزب الذي أسسه مصطفى كامل) كان به القنصان الرزق وهو جناح عسكري وكذلك الأحزاب الشيوعية كانت تقوم على التصفيات الجسدية كأساس وكيف كان حال حزب الوفد من العنف المشروع ضد الاستعمار وعملاؤه وهكذا كان شرفاء الوطن.

الخلاصة إن الإخوان تنظيم أو جماعة (سياسة وطنية لها بعد عقائدي صوفي علماني) فهي لا تكفر من لا يحكم بغير ما أنزل الله ولا تؤمن سن بشكل مباشر سياسة الكفر والإسلام والحق والباطل الذي جاء بالقرآن بغير تأويل يناسب الفكر السياسي التوافقي لديهم فتجدهم يؤمنون بالديمقراطية كدين قومي ويؤمنون بالهيكلة العلمانية لنظام الحكم وغير ذلك ليس مجاله الأن ولكن الجماعة تتوهم أنها على القومية الوطنية الإسلامية والحقيقة أن سبب ضلال الجماعة هو الاعتماد على مرجعية الأشخاص ودين الأشخاص ومفاهيم المشايخ والعلماء خاضتهم منذ بداية نشأة الجماعة وعلى ذلك:

1- لم يكفر الإخوان مبارك أو نظام مبارك بل أقروا بإسلامة إسلام نظامة هيكلة وعقيدة لا تخرج من الملة الإسلامية وعلى ذلك كان طموح الإخوان المشارك للحزب الوطني وتطلعات الريادة السياسية فكانت المزاحمة في نظام الحكم في مجلس الشعب وفي النقابات وفي المجالس المحلية بل وفي القضاء وفي سلك النيابة والشرطة كمحاولات.
2- محاولة تقديم حلول باسم الديموقراطية لمنافسة الحزب الوطني سياسياً على نفس العقيدة القومية الأجنبية (الديمقراطية) وذلك لأنهم جماعة تجهل جميع أطياف الإتجاهات العقائدية والعجيب أن الشعار لديهم كان (الإسلام هو الحل) والغريب إن كان الأمر كذلك

فلماذا تسلكون نهج العقيدة قومية إستعارية ولماذا إذا كان الإسلام هو الحل لديكم لماذا لم يكن ؟؟؟؟ التنظيمي للجماعه على ذلك ولماذا لم تكن عقيدة الجماعه عقيدة منزلة غير مؤولة خارجه عن حقيقة التنزيل ولماذا العقيدة السياسية غير ذلك (سوف تتضح الحقيقة في الفصول القادمة) إن شاء الله تعالى ملحوظة: لعل الاخوان لازالوا يذكرون تكفير الجماعه الإسلامية قبل رده روادها والكثير منها عن تهيج الجماعه وكذلك ؟؟؟؟ الجهاد وللأسباب السابقة وبناء على ذلك فقد كان تعامل الأمن مع الإخوان الآتي (إنتبه - (أولاً: عدم الاعتقال في معتقل مطلقاً ولكن إما حجز في سجن على ذمة تحقيق نيابة ومحكمة لمخالفات سياسية لمنافسة الأخوان للحزب الحاكم وبما أن الاخوان شكل لديهم عدم انفراد بالسلطة (بالراحة) فكان أجهزة الحزب الحاكم من الشرطة (أمن الدولة) كانت تتصيد الأخطاء القانونية للإخوان وذلك للمتابعة الدقيقة لنشاطهم دون تلفيق (لا أستطيع البوح عن المصدر) وعند الانتخابات فكان الحجز بالنيابات بالجملة ودون سند قانوني طبقاً لقوانين الطوارئ وعلى المحكمة والنيابة الإفراج .ثانياً: يتم الافراج الفوري عن الاخوان بحكم محكمة دون دخول (الطاحونة) ويعني تجديد اعتقال من داخل السجن وهذا مع الجماعه الاسلامية والجهاد فقط.

ثالثاً: يسجن الاخواني في سجن الوزراء والسياسيين والمقابل لسجن الأجانب قريباً وذلك : أ- دون غماية أي ممنوع على الاخواني أن يوضع على وجهه قماشة سوداء ب- ممنوع الاعتقال في ؟؟؟ جـ- يسجن بالقانون د- لا يجدد له السجن أو الاعتقال ن- يخضع السجن حقوق الانسان وهيئات المجتمع المدني و- الزيارة مفوحة هـ- الطعام من البيت إذا أرادوا أو شراء من السجن ل- زيارة الزوجات زيارات خاصة ح- وسائل الترفيه المختلفة من رياضة لقراءة لرؤية التليفزيون ونحو ذلك وأشياء أخرى لا داعي لذكرها الآن وقد تظلمت يوماً لإدارة أحد المعتقلات لماذا لا يعاملون الجميع كما يعامل الاخوان فكان الرد) -: لإن الاخوان منافس سياسي وليس مليشيات عسكرية أو جماعات متطرفة أو

تنظيمات سياسية عسكرية على ؟؟؟؟؟ معينة تهدد السياسة الداخلية والخارجية) وهذا يبين أن الدولة في زمن مبارك والفاشية عليها كانوا يتوهمون أنهم هم الوطن وأن أشخاصهم هي الأمن القومي وأن عقيدتهم السياسية هي عقيدة الوطن ؟؟؟ لفهم فهو بالتأكيد متطرف وإرهابي.

ومن ناحية الاخوان مشاركتهم في هيئات المجتمه المدني من حركة كفاية والحركات العلمانية الامر الذي يوضح العقيدة السياسية للاخوان وأن سجن الرئيس السابق (محمد مرسي) قبل ثورة يناير كان مسبب مسيرات تندد بالتزوير في الانتخابات مع باقي الفرص فرق العلمانية التي تتخذ من أساليب الاجانب طرق وعقائد سياسية للوصول لهدف واحد هو السلطة.

الجماعه الاسلامية والجهاد

إن الجماعه الاسلامية في ذلك الزمن وهو أواخر الثمانينات والتسعينات أخذت على عاتقها إقامة الدولة الاسلامية عن طريق الدعوى ولكن الحكومة المتمثلة في أجهزة الأمن كان لها اتجاه سياسي آخر وهو علمنة الدولة وتغير هويتها وفي هذا الزمن مما زاد الأمر تعقيداً وصعوبة هو دور مصر في قلب الدول الاستعمارية و؟؟؟؟ ؟؟؟ على الأمر والسياسة وقتها لتحقيق مبدأ الأسياد ؟؟؟؟ بشكل سياسي بالرغم من عدم مطالبة الدول الأجنبية وعلى رأسها أمريكا من النظام ذلك بشكل مباشر ولكن النظام وجد أنه في كنف تلك الدول سوف تكفل له الحماية والبقاء وكلما زاد النظام وتفنن وابتدع في اقناع أمريكا وغيرها انه صمام الأمان لها هو حامي ؟؟؟؟؟ والمدافع عن سياساتها بالشرق الأوسط وأنه هو العبد المطيع لسيده رغم أن أمريكا لم تطلب عبيد لها بهذا الشكل ولكي يتساوى الكلام مع المضمون ولكي تقنع أمريكا وأوروبا بتلك الخطوة وحتى يصدر ؟؟؟؟ على تلك الانظمة بشرق الخدمة والحراسة تفنن النظام بل والأنظمة العربية في قدح زناد أفكارها في تأجيج الصراع بين الأحرار داخل مصر وبعض البلاد العربية على أنه صراع أيديولوجي

وحتى يتضح للجميع أن مصر تحارب التطرف وقتها لم تصدره أمريكا وحلفاؤها مصطلح الارهاب حتى يروجه العبيد من ؟.؟؟؟؟؟؟ عليها ؟؟؟؟ الإعلام الفاشي لديهم لتأصيل ؟؟؟؟؟ الجديدة لدى الشعب الذي تعود وتشكل على فلسفة العبيد إلا من رحم الله وتمرد على ذلك أو مصر كل شيء يكون حراً في نفسه، والمهم أن السياسية وقتها أخذت في تأجيج الصراع فبدأ مبارك وأجهزته في محاولة طمس الهوية الاسلامية من البلاد وإطلاق يد العلمانية وبدأ خوض نظامه صناعه ديموقراطية علمانية تدرب في أوروبا وأمريكا ويفتح لها ولغيرها مجالات بمصر لتحل محل الهوية والقومية الوطنية فألغى قوانين الشريعه الإسلامية والتي أعدها الأزهر بل وحذف الأزهر من العمل الهام وجعله مسخر لتروج أسلمة الدولة وخدمة الأزهر في السياسة للدولة والتي كان من وراءها تغير القومية بل وحزف العناصر التي قد تخرج البلاد من طوق العبودية فضلاً عن تفريغ قوائم الدولة من تسليم صحة ويحث على وغيره من ؟؟؟؟؟؟ وحشوها بمضامين قضية تفوق ؟؟؟؟؟

و ؟؟؟؟؟ أن الجهات أنشأت ؟؟؟ بذكاء شديد أفراد ويستطيعوا من خلالهم ممارسة مهامهم الأمنية أولاً ولإرضاء نظراً الحكم ثانياً للإتصالات بالشكل لأمريكا وأوروبا ماكانوا منه يحذرون ثالثاً وبذلك يتم للنظام إحلال قومية إستعمارية وحزر القومية الوطنية أولاً وموضع منهجية فوق عليها الدول المعنية لتجديد الناس بل وتأجيل لديهم القومية الاستعمارية وإستغلال بعض ما يسمى رجال الدين الإسلامي لأسلمة النظام وإيهام الناس بفروض طاعة هي أصلاً من أصول نظام الحكم في الإسلام من لجأ النظام إلى ؟؟؟ (الفتنة الطائفية) وذلك وذلك استطاع أن يضمن جميع أوراق اللجنة في بديله يحركها وقت اللزوم

<u>أما الجماعه الإسلامية</u> فقد كانت في زمن الشيخ عبود وروادها الأوائل منذ النشأة الأولى وعلى حسب رواية الشيخ عبود الزمر حيث أن أدخلوني المعتقل كما ذكرت عام 95 على حسب روايه الشيخ عبود وأنه كان في السبعينات قبل اغتيال الرئيس أنور السادات حوالي

أثنى عشر فرقة لكل فرقة أمير وأن قتل أنور السادات كان غير وارد مطلقاً وأن فكرة قتله جاءت مؤخراً وذلك لتضييق السادات عليهم وبعيد عن الجيش عبود وإن الرؤيا العامة لإغتيال أنور السادات جاءت لفض الاشتباك وليس لتكفير السادات هو اشبع ويدل على ذلك ماتقدم ذكرت عن السادات أولاً وعن كتاب رئيس الجماعة الاسلامية الذي عنوانه (السادات مات شهيد) وهو الشيخ كرم زهري ثانياً وبمبادئ الجماعه ثالثاً ولثقافة الجماعه وقتها رابعاً وللعلم أن الجماعه الاسلامية والجهاد أبرياء من القتل البائر للسادات وكل الذي حدث على حسب روايه الشيخ طارق الزمر أنه هو من نقل الذخيرة الحية فقط وللعلم أن الأخوة الذين قتلوا السادات وهم الشيخ خالد الاسلامبولي والشيخ عبدالسلام فرج وغيرهم لم يكونوا من أفراد الجماعه الاسلامية وأ تنظيم الجهاد فإن التنظيم سواء الجماعه الاسلامية أو الجهاد عبارة عن هيكل هرمي له قيادات وأمراء وأعضاءه واجنحة سواء سياسية أو عسكرية أو دعوية أو نحو ذلك فهل يستطيع أي متشدق بأن يقول أن الشيخ الضابط خالد الاسلامبولي كان في أي جناح وحلف يمين الانضمام للتنظيم أمام من وما هو دوره (الهرموني) في التنظيم علماً بأن الجماعه الاسلامية لاتعطي عضوية بسهولة فلابد أن يمر بفترة تجربة لاتقل عن سنه (إعداد ضمني) ثم يزكى من بعض الأعضاء ثم يختبر ثم يفاتح في موضوع الانضمام قم ينظر في أمره وإن من مبادئ الجماعه الاسلامية:-

1- عدم تكفير المسيحيين أي تكفير ؟؟؟؟

2- ؟؟؟؟؟ بالجهل لعموم الأمة

3- الدعوه إلى الله حي الأساس على الكتاب والسنه ؟؟؟؟ سلف الأمة

4- الانتماء للقومية الوطنية

5- الحكم بما أنزل الله 6- كفر من لم يحكم بما أنزل الله

7- أن الأصل في عموم الشعب الإسلام فهم في نظير الجماعه الاسلاميه ????? إلا لمن يصدر منه مايدعوا الكفر البين، الواضح.

8- الأمر بالمعروف الونهي عن المنكر حيث أنهم في دوله إسلامية فذلك واجب وهذا لأنهم يروا إسلامية الدوله وعلى ذلك فهم بدون الأمر بالمعروف والنهى عن المنكر من الواجب.

9- نشر الدعوه والفضيلة والمبادئ الحسنة الإسلامية بين الناس وتشجيع الناس على ذلك.

10- نشر الاخوه الاسلامية بين أعضاء الجماعه بالشكل والمضمون الذي قال عليه النبي صلى الله عليه وسلم

وبما أن النظام كان كذلك وأن الجماعه الإسلامية كذلك كان الصدام بينهم لازم لأهداف في نفس النظام ولأهداف اسلامية واجبة من وجهة نظر الجماعه.

واستعانت الجماعه الاسلامية بالجهاد وهو وليد الجماعه التي أنشئت في السبعينات باستيراد السادات نفسه ولكن هناك مجموعات رأت فكراً أخر وهو قلب نظام الحكم عن طريق تكوين مليشيات عسكرية نظراً لأن النظام له مليشياته العسكرية ورأو أن النظام كافر ?????? يخرج عن المله وأن النظام ماهو إلا أداه في يد الاستعمار لإستعباد الناس ولفرض قومية أجنبيه فإن الدعوه لن تنفع بل سوف يصحبها فتنة أي خلط عقائدي.

وسوف يخرج من الدعاه ومن غيرهم ممن يلبسون السياسة بالدين ????? لذلك الدين و????? ???? للنظام وهذا دأب كل زمان وسنه معروفه ????? إن الجماعه الاسلامية هي الأم لتنظيم الجهاد ومليشياته رغم اختلافها معه في المنهج ولكن الحقيقه لأن في ذلك الوقت كان ضروره شرعية ووطنية للوقوف ضد تغيير الهوية فيضرب النظام بقواته الأمنية

الجماعه الاسلامية بالقوة إستنجد بالقوة استنجدت الجماعه بمليشيات الجهاد والتي كانت خير عون بالاضافة للجناح الحكومي للجماعه وعلى ذلك فقد أخذ الجهاد وهو عباره كما ذكرت عن مليشيات وخلايا عسكرية قتالية والجماعه الاسلامية أخذوا على عاتقهم حماية هوية الوطن ومحاولة إقرار القومية الوطنية التاريخية بل وحماية الشعب نفسه من بطش الأمن وعجرفته وتلك هي من فلسفة الجهاد في الاسلام والذي ذكر أن الجهاد في الأمة الاسلامية شرع لتلك الأمة فقط ذلك لإعتبارات عقائدية ليوم القيامة ليست محاله الآن ولكن من ذلك:-

1- حمايو التوحيد وبسط الالوهية لله وحده وحماية عبادة الناس لله .

2- نشر التوحيد ونشر بسط الألوهية لله وحده ولتحقيق الالوهية لله وحده بين العباد والبلاد بالقوة ضد القوة ولتأمين الدعوه ولحمايتها وبما أن القومية الوطنية جزء من التوحيد بل هو توحيد (الدوله) فإن تغيره أو الاعتداء عليه واجب الجهاد.

وعلى ذلك فإن الجماعه الاسلامية وتنظيم الجهاد وهم أصحاب قضية جوهرية وقضية فقد يشرف بها والحقيقة أن الجهاد والجماعه الاسلامية في ذلك الوقت كانوا بعملهم هذا يعاونوا القوات المسلحة في مهامها فإن القوات المسلحة مهمتها الوحيدة هي (حماية الوطن على الخريطة) أي من الزوال ومن ثم حماية القومية الوطنية التي ورثوها عن أجدادهم لذلك كانت القوات المسلحه والتي هي من حميت الشعب الوطني ليس ؟؟؟؟ فقط بل إن القوات المسلحة في الأمة والدولة والقومية الوطنيه الاسلامية هي الجزء الأعلى في الأمة والجزء الأشرف فهم أشراف الأمة وحملة أمانتها وهي القومية الوطنيه الاسلامية التاريخية وإن القوات المسلحة هي مجموعه منتخبة من الشعب يتم ؟؟؟؟ وتدريبها نيابة عن الشعب مثل الشعب مجلس النواب إذاً فإن القوات المسلحة مجموعه من الشعب منتخبه مدربه مسلحة تعرف مالايعرفه الآخرون من عيوب ومميزات الوطن رفيعة

المستوى في الفكر والمبادئ والأخلاق والقوة والشجاعه بالمختصر حتى يكونوا خلاصة الأمة لحماية الأمة من تغير هويتها وتوصيتها وبما أنها أمة واحدة وشعب وقومية واحده فإن الشعب وجهان وجهه مسلح ووجهه له أعمال لاتقل أهمية عن ذلك فهي شيء واحد وأدوار متعددة لحماية تلك القومية من الزوال وهذا مافعلته الجماعه الاسلامية وميليشيات الجهاد ومن وجهة نظرها التي كانت تراها فإنها رأت مارأت من النظام وأن القوات المسلحة لم تدخل في ذلك لأن مهمتها ودورها سالف ذكره لايتم إلا في إطار دوله وحكومه بأمر من رئيس الجمهورية قائدها الأعلى فقد رأت الجماعه الاسلامية والجهاد القيام بذلك الدور وكان لزاماً عليها محاربة الدولة بكل أجهزتها الأمنية في عز قوتها جهاد غير متكافئ حيث أن النظام ??? كل شيء داخلي وخارجي قوات أمن نظامية ومؤسسات شرطية وقوات مكافحة الأرهاب مدربة في أمريكا وقوات مكافحة الشغب وقوات تسمى بالقوات الضاربة بالإضافه للأعداد الضخمة المدربة تدريب عالي في أوروبا بالإضافة للمعدات والأدوات الحربية والأسلحة الحديثة بالإضافة بلاودرات الضخمة من اجهزة لجميع المعلومات من أمن الدوله وهو الجهاز المتخصص لذلك وهو يحل محل جهاز المخابرات الداخلية حيث أن المخابرات العامة والحربية ليس لهما أي دخل في تلك الحركة فإن مهامها أعلى وأجل من أهداف النظام فهي ملحقه بالجيش ولك أن تعلم لمن لا يعلم أم الجيش العظيم الذي ??? و الحربية في أكتوبر 73 صاحب الشخصية القومية لقوميته الوطنية متمثل في قياداته في ذلك الوقت قد رفض طلب أمريكا في أن يدخل طرفاً في المواجهة مع الجماعات الإسلامية ولتعلم أيضاً أن تنظيمات الجهاد والجماعه الإسلامية الحقيقيتان وقتها من أهدافهم ماسبق ذكره وممن يقسمون عليه هو حماية قواته المسلحة لأنه ??? أي تنظيم الجهاد أنه مكمل لدور الجيش وليس ضده فمن هو ضد الجيش ضد القومية الوطنيهولو كان من الجيش نفسه لذلك فإن مايشاع الآن عن أن ??? التنظيمات

الجهادية تواجهه الجيش (كذباً وافتراء) إنهم ليسوا جهاد أو جماعه إنها شيء آخر قد يكون وقيعه أو أعداء أجانب أو شيء آخر.

للأسباب السابق ذكرها والتي سوف تأتي وقد واجهت الجماعه الدولـه بكل مافيها ومهما ينوب عنها عسكرياً ملشيات الجهاد والتي تم تدريبها على أعلى مستوى بدنياً في مناطق مختلفه على القتال باليد والرجل تدريب لايطيقه أجهزة الأمن المصري وسلحوا تسليح خفيف لعل هدفهم أنتصروا وأخضعوا مناطق مثل عين شمس بالكامل وإمبابة بالكامل وبولاق الدكرور وشبرا الخيمة والمظلات وشبرا القاهرة وأجزاء من حلوان بل وأسيوط والمنيا وبعض المناطق الأخرى وأجزاء من الفيوم أخضعت للحكم الاسلامي بل والنفوذ الخاضع للجماعه والجهاد وخضوع للبلطجيه والحرامية والشبيحه والمزعومين وغيرهم وكبح جماحهم بعد ما أنتصروا على الأمن وقد نعم الشعب في تلك المناطق بالحرية والكرامة وإن لم يكن كذلك فإن البعض منهم مازال حي يرزق وإذا سألت لأجبت إن الشعب نفسه كان يدافع عن أفراد الجماعه الاسلامية والجهاد في عين شمس عند اقتحام قوات الأمن للمساجد وخاصة مسجد آدم الشهيد بعين شمس فأن الأهالي كانت تحارب مع الجماعه والتنظيم .

<u>ملحوظه عن تجربة:</u>

إن الشعب المصري الحقيقي وليس الجزء منه العميل ؟؟؟؟ و؟؟؟؟؟ ولكن الشعب الحقيقي يحب الاسلام ويريد تعلمه ولكن لايجد من يدله على دينه بأمانة من النظام والدعاه.

<u>مقتطفات :</u>

1- في وقت كانت الرهبة والخوف تسكن قلوب فئات الشعب من الأمن والنظام ؟؟؟؟ القوة والشجاعه والحواديت التي كانت تطلق وقتها فإن الجماعه ؟؟؟ وتنظيم مليشيات الجهاد قاتلهم وأبهر العالم وانتصر لأمته ولقومية هذا الشعب وأصبحت الرهبة تسكن قلوب النظام

وقلوب فئاته الشرطية ومنظماته المدربه في أمريكا من فئات بطشية تسمى مليشيات الجهاد وبين كل ذلك كان النظام يمارس أشد أنواع الذل والاستعباد لأهلينا في أسيوط وكان يملاء مدرية أمن أسيوط بأعداد من منظماته القتالية وآلياته الشرطية وأسلحته وأعداده وضباطه أقتحمت مجموعه مدربة من مليشيات الجهاد العسكرية ؟؟؟ الخالية والمدربين قتال ؟؟؟ باليد الخالية وأقتحمت مديرية أمن أسيوط وواجهت نحو مائة عسكري مدرب وأربعمائة ضابط بآلياتهم وسلاحهم في عقر دارهم وقاتلوهم ومات منهم وقتلوا منهم وأنتصروا وأخذ ما أخذ وأسرى وأحتلوا المديرية بالكامل وسط ؟؟؟ ومفاجئة فاجئة العالم والنظام الذي لطم لطمه على وجهه مازالت معلمه حتى الآن وذلك عام 85

؟؟؟؟؟ بذلك كتاب يتداول في السوق وليعلم الجميع كيف أن الجماعات الاسلامية والجهاد وقتها كانوا يضربون مثلاً في الشجاعه والقوة وعدم الخوف معتمدين على الله وحده رافعين راية لا إله إلا الله وحده مدافعين عن القومية الوطنية مؤمنين بقداسة واجبهم وقضيتهم ورسالتهم وبسبب التوسع من جهة النظام في التسعينات في القمع والاستعانة بكثير من المرشدين وبجذب كثير من الناس في دائرة النظام ؟؟؟؟؟ من ذلك وبسبب مافعله النظام والدولة وقتها مما سبق ذكره وللتعذيب الوحشي لذوي المجاهدين والاستعانة بأمريكا وأوروبا على غير دراية منهم بالحقيقة ولأهداف في صدر النظام تم استيراد أسلحه وأجهزة وأنظمة أمنية وتدريبات أمنية ليست قتالية ولكن ؟؟؟؟ في التتبع في المراقبة وإجراء الفخوخ والإيقاع ونحو ذلك دارت الدائرة على الجماعه والجهاد فأعتقل أغلبهم والباقي ؟؟؟؟ للإلتحاق ببعض المجاهدين بالخارج وجزء في داخل البلاد وجزء آخر تخفى وجزء ظل يواجهه وبذلك استطاع الأمن إنشاء المعتقلات للجماعه والجهاد فقط ؟؟ فيها الجماعه والجهاد أشد مايكون ؟؟؟؟ والابتلاء فكان هناك من يكفر من شدة العذاب وكان هناك من يموت وكان هناك من ينتصر وكان هناك من يموت بالبطيء وكان هناك من ينتظر الموت ورغم ذلك ضربت الجماعه والجهاد مثلاً آخر للرجوله من ناحية وللأخوة

الاسلامية من ناحية أخرى فقد كانوا رجالاً في تحملاتهم البدنية والنفسية في سبيل ؟؟؟؟ الإسلامية وأن دينهم هو مصدرها .

فكان ابتلاء لم يسبق له مثيل فقد سلب منهم حياتهم ومستقبلهم فإن الغالبية العظمى للجماعه الاسلامية ومليشيات الجهاد أصحاب شهادات عليا بل أن منهم قد ؟؟؟؟ وجمع الدكتوراه بأخرى وقد سلبت منهم حياتهم الاجتماعية وأولادهم ونسائهم هل هناك في الامة بأسرها من بطوله وفداء في العصر الحديث أفضل من ذلك.

ثم حدثت فتنة المراجعات والتوبة والاستتابة وتغير الهوية ومحاولة النظام لانخراط الجماعه والجهاد وفي نفس القومية التي حاربوها.

(المراجعات والتوبة)

الحقيقة أن الجماعات الاسلامية والجهاد رغم ماذكر البحث عنهم إلا أنهم قد وقع منهم أخطاء جسيمة هذا للأسباب الآتية:-

1- الجهل الشرعي الذي كان يغلب على الجماعه من حيث ذكر أمراء الجماعه كيف رغم كونهم أصحاب شهادات عليا إلا ان تسليمهم ؟؟؟؟ كان قاصر على قراءة الكتب وليس الدراسه الأكاديمية وهذا ما من به الله تعالى على بعض من أعتقل زوراً مثلي ومثل كثير من الأخوة فقد فقد كان إصراري على التعلم الدراسة الاكاديمية وتطبيقها في فترات إعتقالي بشكل عملي بالإضافة للإصرار على مواصلة دراستي في البحث العلمي ؟؟؟؟؟؟؟؟ من رواد شباب العلماء في أكاديمية البحث العلمي أعمل بالمكافأة رغم كوني طالب في الجامعه ولحصولي على أول براءة إختراع ولكن مكافحة الارهاب كانت لنا بالمرصاد ولكني تحديتهم تحدي الجبابرة وهم يعلمون ذلك حتى وصلت إلى إكمال دراستي الاكاديمية وعمل دراسه العلماء وهي (بروفشنل إيديوكيشن) أي نيل شهادة عالم في بحوث البحث العلمي

من جامعه أجنبية بعد البكالوريوس والماجيستير وذلك بعد شروط هذه الدراسة التي توافق ذهنياً وبحثياً مع ماهية العلماء.

2- الاستفزاز الأمني وتجييش جيوش الذكاء والتدريب للإيقاع بالجماعات في الخطأ لإظهارهم كما يريدون أمام العالم فكان مشروع من الحكومة وقتها مشروع إخراج متطرفين أو إرهابيين والغريب أن بلادنا وشعوبنا طيبوا القلب و ؟؟؟؟؟ ولكن؟؟؟؟ من لايعجبه ذلك وعقده ؟؟؟ تلح عليهم فيضلوا عدد و؟؟؟؟؟؟؟؟؟؟؟؟؟؟؟؟ .

3- مبدأ العين بالعين فكان الأمن ؟؟؟ بما يقبض عليه من أمراء الجماعه فكانوا يردون بالمثل.

4- إغلاق كل طريق أمام الجماعه والجهاد للمصالحه أو المراجعه أو نحو ذلك .

5- إنشاء خلايا جاهلة ليس لها أي علاقه لا بالجهاد كتنظيم أو الجماعه الاسلامية (مجموعات إجرامية تتمسح في الدين لكي يحملوا من سرقاتهم وإجرامهم وسيلة) وللعلم فإن كثير من المسجلين وغيرهم من المجرمين ممن حاول ؟؟؟؟؟؟؟ على جهله هذا وليس له علاقة لا بالجماعه ولا بالجهاد .

6- ظهرت فئات ليس لها أي بعد ديني أو علمي أو ليس لها أي علاقه بالجماعه ولا بالجهاد وأسموا أنفسهم على منهج السلف وكانوا مرشدين للأمن.

7- إنشاء جيل كثير وكبير ؟؟ الأمن كما ذكرت من الجهلاء ليتحكم فيه أمن الدولة وملئ فراغ الجماعه والجهاد.

المراجعات

إن المبادرة كانت من الجماعه الإسلامية ثم تبعتها تنظيم الجهاد وقد نصت المبادرة التي حاولت فيها الجماعه الإسلامية تحظى ود الحكومة والنظام منذ 1993 وكانت هناك

وساطة وفشلت ولكن المبادرة بالفعل بدأت وأنتشر مفعولها عام 1997 زلكن في أي شيء كانت الجماعه ورجعت وعن أي شيء فعلته وتابت و تبعتها الجهاد ؟!؟

الحقيقة من كتب المراجعات التي ألفها قيادات الجماعه ومن تصريحاتهم .

زسوف نبدأ من تصور الجماعه في المجتمع والدوله ومن ثم التوصية أي أن حل المجتمع كان أصله كافر أم مسلم والدولة والحكومة النظام ومن ثم التوصية وعلى ضوء ذلك كانت الأخطاء وعلى أثر الأخطاء كانت كان التوبة ثم المراجعه ثم ؟؟؟ كما ترى الجماعه.

كلما كانت اجتهادات وقدرات الجماعه وحماسها سبب في أخطاءها وضياع الكثير من أشياء كان من الممكن أن لا تضيع كانت مراجعات الجماعه قد أظهرت الكثير من ؟؟؟؟ التي أحزنت كثير من المسلمين وكما يقول المثل العربي (ترك الخداع من كشف القناع)

المهم : فإن ثوابت الجماعه التي ذكرها روادها من أهمها:-

1- إن الأصل عند الجماعه الاسلاميه غير ماهو أشيع عنهم فهم وكما يقول / ناجح ابراهيم وهو أحد قيادات الجماعه التاريخية وأحد ؟؟؟؟؟؟ كتبها يقول:-

إن الدولة عندهم أي جماعه مسلمة فالشرطة عندنا مسلمون وجهاز المخابرات وجهاز أمن الدولة أجهزة مسلمة هذا ماجاء على لسان / ناجح ابراهيم.

2- سيحيوا مصر عند الجماعه الإسلامية من نسيج الوطن وأنهم ليسوا محاربون

3- إن الحاكم في مصر وهو (مبارك) مسلم لايجوز الخروج عليه بالنص الشرعي

4- أنها جماعه دعوية الأصل لذلك فهي تختلف عن تنظيم الجهاد وذلك كما قال (صفوت عبدالغني) وهو أحد القاده للجماعه الاسلامية وأحد كاتب المراجعات والكتب الأربع يقول صفوت / الجماعه الاسلامية تبنت الجماعه منذ فترة طويلة أما الجهاد فيعتمد في عمله

علـى تنظيم وتكوين خلايـاهم مجدر تنظيم سري يقـوم علـى الفعل ولـيس الـدعوة عكس الجماعه الاسلامية أما الجهاد فلا يدعو مجتمع بل يقاتل.

ويقول (كرم زهري) رئيس الجماعه الإسلاميه كان لنا جناح عسكري ولم تكن لنا خلايا سريه مثل الجهاد وقد تم حل الجناح العسكري.

أما (ناجح ابراهيم) فقال عن تنظيم الجهاد: إن الجماعه الاسلامية جماعه موحده كيان واحد أما تنظيم الجهاد فهو عبارة عن مجموعات تنظيمية أكثر مما تسميه جماعه، فهو يختلف عن الجماعه الاسلامية فكراً وتنظيماً فبين الجماعه والجهاد إختلاف في الفكر والتنظيم ويقول (كرم زهري) عن الجهاد في مصر هم (شتات) أي تنظيمات متفرقة يجمعهم فكر تنظيمي واحد وعقيده واحده وهدف واحد أما الكيان التنظيمي متفرق ومنتشر وأن قوته في الخارج بالتحالف مع أسامه بن لادن وتنظيم القاعده .

5- موقف الجماعه الاسلامية قبل المبادرة من تنظيم القاعده والجهاد:-

يقول (محمد ياسين) وهو أحد قيادي الجماعه:-

لم تكن أية علاقه بين الجماعه وتنظيم القاعده وعندما حاول الشيخ رفاعي طه رفضنا وأجبرناه على الانسحاب، وعن ؟؟؟؟ بعض الجماعه إلى أفغانستان قال:-

(حمدي عبدالرحمن) وهو أحد قيادي الجماعه (مجموعه قليله فقط ذهبت إلى هناك (وذلك بسبب الضغوط الأمنية بمصر فكان بمثابة فرار) أما تنظيم الجهاد أو مجموعاته هي التي أنضمت إلى بن لادن (عندما أعلن الدعوه لتنظيم موحد ضد اليهود والنصارى)

ملحوظه: إن الجهاد في مصر حذى حذو الجماعه الاسلاميه وكانت مجهودات الجماعه علة انتهاء رغباتها أن تكون هي أي الجماعه صاحبة السبق وبطل المستقبل والمتحدث الرسمي وبالفعل انقسمت الجماعه الاسلامية فالجماعه الاسلاميه قبلت ووافقت على تلك

المبادرة واعتناق افكارها بصدق عد بعض الأشخاص الذين قبلوا الشكل ووقف العنف واعترضوا على الاعتقاد الجديد والذي به الكثير من العقائد الخارجه عن اصول فهم العقيد، وكذلك حدث لتنظيمات الجهاد فقد انقسم الجهاد الى قسمين:-

قسم أول: وهو الذي خطى نفس خطوات الجماعه الاسلاميه شبراً بشبر حتى في إعتناق الديموقراطية.

قسم ثاني: رفض المبادرات تماما واعتبرها خيانه ورده عن اصول الاسلام وفتنه كبيره للعقيده وللناس بنى على أصول خاطئة وهذا الجزء انضم للجهاد الدولي في مرحلة جديده ومتطوره ؟؟؟؟ لمرحله سابقه وهو التوحد مع القاعده وهو جزء ؟؟؟ انضمام ذاتي وجزء آخر وهو أخذ في اعتناق فكر القاعده على انه نتيجه حتميه لفكر الجهاد القديم ولكن أبقى على استقلاقه التنظيمي أما القسم الأول والذي فعل فعل الجماعه الاسلامية أخذ في الانخراط في المجتمعات الديموقراطية وذلك بالتشكيل الجديد لعقيدتهم وانتماؤهم ؟؟؟؟ وتوحدهم مع الدولة ومؤسساتها ؟؟؟ والولاء والبراء لتلك الدوله وقوانينها تحت راية حاكمها والسمع والطاعه له والحقيقه أن الإخوان المسلمين قد سبقوهم في هذا وذلك لكون هذا الفكر من صميم عقيده الإخوان التي يردن بها العقيده الإسلاميه فإن الحكم بما أنزل الله عند الإخوان ليس من أصول العقيده بل هي من دواعي الشريعه وفروع الدين لذلك فإن عقيدة الجماعه بعد المبادرات والتويه والمراجعات وإنشاء دينهم الجديد هو محاكاه لدين وعقيده وفكر الإخوان وكذلك قد زاحهم السلفيون كاعقيده وكامجموعات اعتقادية منهجية بدخولهم الحزب الوطني قبل ثورة 25 يناير تاره وبتفا؟؟؟ عقائدياً مع الدولة وأجهزتها ومؤسساتها تاره وبمحاربة الجماعه الاسلامية والجهاد قبل المراجعات محاربة عقائدية ودعويه تاره أخرى أما محاكاه الجماعه الإسلامية والجهاد للإخوان والسلفيين فهي كانت نتيجة المراجعات على النحو التالي :-

أولاً : إن الدوله المصرية مسلمة وإن مصلحة الدولـة فوق مصلحة الجماعه ومؤسسات الدولـة مؤسسات شرعية واجب احترامها والإمتثال لقوانينها لا تكفيرها ولا تخوينها وعدم المساس بالسياح الأجانب.

ثانياً : خطاب رئيس الجماعه (كرم زهدي) بقولـه (إننا لم نستأذن أحد في المبادرة ولم نشترط شرطاً واحداً ولم نطلب من الدولـة شيئاً لقد كان هدفنا ووجهتنا رضا الله بعد مراجعه شامله لأحكام الشرع ودراسه كاملة لإعتبارات الواقع العملي والمصلحة الوطنية أكدت ضرورة تغير فكر الجماعه ومناهجها)

ثالثاً : عندما تكلم (أسامه حافظ) أحد القيادات التاريخية عن ؟؟؟؟ (الأمر بالمعروف والنهي عن المنكر) قال أن الدوله هي المسئولة عن ذلك ممثلة في أجهزة الشرطة والأمن والرقابة وإلا تحول المجتمع للفوضى وعلى الشباب المسلم معاونة أجهزة الدولـة مثل الشرطه.

رابعاً : الكلام على لسان (ناجح إبراهيم) أكد مبدأ أن ؟؟؟؟؟ الفرد بالجماعه على أخيه بالجماعه وعلى أي عمل إسلامي لوكان على غير سياسة الدولـة أو سوف يمثل إنتهاك للمراجعات أو شئ من ذلك أن يبلغ الأمن التعاون معهم للقبض على هؤلاء.

خامساً : (على الشريف) وهو من القيادات البارزة وأحد كتاب المراجعه والعقيدة الجديده قال:-

(لانريد سوء فهم للجهاد ؟؟؟ نريد شباب يعمر لا يخرب يحمي الدوله ويصون مؤسساتها يحترم القانون ويكون حائط صد ضد تكفير المسلمين) .

سادساً : تكلم ناجح إبراهيم عن أحد الكتب الاربع والذي ألف واحد منها وهي؟؟؟؟؟ في الدين ؟؟؟؟؟ وكان سبب خلاف المسلمين وعكس الرحمه والشفقه ونهى عن ؟؟؟؟؟؟؟؟؟.

2- تكفير المسلمين قال انها أكثر الامور بشاعة إن الذين يكفرون المسلمين يخلطون بين ؟؟؟؟ الإيمان و؟؟؟؟؟ الإسلام ويقول نسمع مثلاً من بعض جماعه التكفير قولهم (ده مش عارف يكفر مخبر) ؟؟؟؟؟؟؟ أنها شطارة بل هي خيابة ثم قال (نهن هداه ولسنا قضاه ، نحن هداه ولسنا ولاه نحن دعاه ولسنا بناه ؟؟؟ على الناس ونكفرهم) وفي هذا محاكاه للإخوان الذي قال في قضية مناقشة بين أحد مرشدي الأخوان السابقين وهو (عمر التلمساني) أنه اختلف مع سيد قطب في قضية التكفير وأن الجماعه أي الاخوان (دعاه وليسوا قضاه) ثم أكمل ناجح إبراهيم قائلاً لانكفر الشرطه ولا المخابرات ولا الجيش ولا العوام من المسلمين بكفر عن جهل ولا نكفر أمن الدولـه ولا المؤسسات وعندما سئل أحد قيادات الجماعه والممثل لها عن تكفير الناس وعقيدة الجماعه وهو:-

(حمدي عبدالرحمن) ؟؟؟ أن الجماعه كانت لاتكفر الناس ولكنها كانت ؟؟؟؟ في الدوله شيء آخر فماذا هي الآن رؤية وعقيدة الجماعه الإسلامية بعد المراجعات قال :-

المجتمع مجتمع مسلم والحكومة: مسلمه والمؤسسات الحكومة : مؤسسات إسلامية وهل مؤسسات الدوله شرعية قال: طبعاً شرعية (بما فيها القضاء المصري) والقانون الموجود حالياً قال : لايجوز الخروج عليه.

والنهاية التي أقرتها الجامعتان أو التنظيمات الجماعة الإسلامية والجهاد أن:

1- كثير من قوانين الدولة تتفق مع الشريعة الإسلامية وتطبيقها وهناك بعض القوانين في قانون العقوبات يخالف الشريعة مثل الزنا، السرقة وعندما وجهت الجامعتان من العلمانين بأن المجتمع تغير فلا يجوز قطع يد السارق أو رجم الزاني قالت الجماعتان إن عندما تمتنع الحكومة عن تطبيق هذه الأحكام لظروف مثل أننا لنا وحدنا في هذا العالم، أو هناك قوى تتربص بنا، أو للخوف من قيام فتنة طائفية بسبب ذلك، في هذه الحالة نقبل عذر الحاسم ونقول أنه حازم مسلم وأنه لا ينكر الشريعة ولكن لديه ظروف ولا يجوز تكفيره أو الخروج عليه.

2- كتاب قام بتأليفه عصام دربالـه وناجح إبراهيم وهو (قبـال الفئـة الممتنعـة عن شريعة من شرائع الإسلام) ذلك قبل المراجعات وقد عارضـه الشيخ عمر عبد الرحمن عندما طبـق علـى أحداث أسيوط وأن من فعل ذلك بصيام شـهرين وبعد المراجعـة ثم تغير مفاهيم قتال الفئة الممتنعة عن شريعة الإسلام قال حمدي عبد الرحمن إن الحاكم هو الذي يقاتل تلك الفئـة ولا يصـح لأحد أو مجموعة أن تقاتل الدولة لأنها منعت شريعة من شرائع الإسلام وبالنسبة لمصر فإن مصر لا تمنـع شريعة الإسلام أو شريعة منها فتقام فيها الصلاة ويرفع فيها الأذان وتقبل الزكاة من خلال الأزهر وتوزعها إذن تبقى بعض الأحكام لا تطبق بسبب عذر للحاكم مثل الزنا والسرقة لذلك الحكومـة المصريـة مسلمة ومؤسساتها شرعية والحكومة هي المسئولة عن قتال الطائفة الممتنعة.

وأخيراً : فـي القدم الجوهري بين الجماعة الإسلامية والجهاد وأصحاب المراجعات وبين تنظيم القاعدة قال رؤساء الجماعتان :

إن الفرق هو مثل الفرق بين الجماعاتان الأن والجماعتان قبل المباورات والمراجعات وأمن أخر فإن القاعدة وما يلحقها من تنظيمات جهاد ويجاهدون دون النظر إلى الصالح والمفاسد التي تترتب على الجهاد فيسبب حادث سبتمبر وضرب 6 ألاف أمريكي تمت إزالة أفغانستان وطالبان من على وجه الأرض.

يجب أن ينتبه القارئ لشيء مهم ألا وهو :

أولاً : هناك أخطاء إصطلاحية ومفاهيم عامـة تروجها الصحافة والإعلام دون علم كامل بما تقول عن الجماعات خاصة الجماعات الكبرى وتنظيماتها مثل (الأخونه ، الجماعـة الإسلامية، الجهاد) وحتى جماعات الدعوه مثل السلفية ، أنصارية ، الشرعية ذلك لأن كتاب الصحافة ليسوا متخصصين ولا من العلمـاء الـذين بذلك تلك الجماعـات والتنظيمـات الأسرية .

في أيام مبارك وزمنه سقوط العديد من القيم والمفاهيم وخلط الأوراق فكان الصحفي صاحب مهنة جلب الأخبار سواء المصادفة أو الإشاعة أو غير لمهنة إخبارية وليست غير ذلك وكذلك إنشاء بشكل أو بأخر وبطريقة ما من الطرق الكثيرة التي ابتدعها ذلك النظام المباركي وعلى رأني جدي لأي (عندما كانوا ليذهبون للكتاب صغاراً كان لهم في القرية موقف لحميرهم المركوبة يعرف بحمير الكنيسة أي المتعلمين فكان الفلاح الجاهل يأتي بحمارة ويضعه مع حمارات الكنيسة حتى يقال له أنه من المتعلمين) فخرج مثل على من لا شأن له بشيء وها هو نفسه فيه (حاشر حميره في حير الكنيسة) فخرج ما أسموه باحث في شئون الجماعات أو التنظيمات وتتوالى الأكاذيب غن ذريته ونحو ذلك ويظهر على الشاشات مضلل المشاهد في كثير من الأحوال فمعلومة واحدة صحيحة يضع عليها عشرات المعلومات الغير صحيحة.

ثانياً : باستنباطات الكتاب في زمن (البلوظة) زمن مبارك زمن (القعقعة ؟؟؟؟؟) استنباط غير مدروس من أشخاص غير مؤهلين يتساووا علمياً بمستشرقين جهران يتكلمون ويكتبون عن الشرق الأوسط هؤلاء المستنبطون يستنبطوا أشياء بحقولهم يضعوها بعد ذلك مسلمات تبين عليها حقائق مثلاً:

أ- قول أحدهم أن الأخوان هم من علم الجماعة الإسلامية العنف والخروج على الدولة وكذلك الجهاد.

الجواب: إنه ليس من أساسيات جماعة الإخوات العنف وإن كان لها جهاز أيام الملك فإن أغلب التنظيمات الوطنية كانت كذلك وكان هناك اجنحة شبهة عسكرية للحزب الشيوعي والحزب الوطني القديم وأحزاب أخرى وكانت تسمى (؟؟؟؟؟) وأن وجود أي استثمار له ضرورياته.

2- العنف من أي حزب أو جماعة رد فعل فإن جماعة الإخوان عبر عنها مؤسسها الشيخ/ حسن البنا بقوله (أنها فكرة جامعة تضم دعوه سلفيه وحقيقية صوفيه وحقيقية

سياسية ورابطة ثقافية) وهذا الفكر كانت نتيجة لتطور فكر مقدم للجماعة في أصل النشأة أنها جماعة دعوية فقط وانتهت بكلام مؤسسها.

3- إن الجماعة الإسلامية لم تلتقي بالإخوان في السجون في الزمن القاهري ذلك أن الجماعة الإسلامية استيراد السادات من باكستان وزعماؤها كانوا (طلبه جامعة) في أغلبهم.

4- أنشت جماعة الأخوان عام 1924 والجماعة الإسلامية عام 1974 والجهاد ملحق بالجماعة الإسلامية وليس فكرة الجهاد ولكن الواضح إن الكاتب الصحفيون المصاحبون للسلطة وقتها أي في زمن مبارك كعلمانيون تلتقي مصالحهم مع علمنة الدولة لتصوير صورة فهو الدور (الإخوان) بصورة هم يردون رؤية الناس لها بهذا الشكل.

ثانياً: إن تطبيق الشريعة رؤية أصحاب المصالح وكتابها العلمانيون يرون أن الإخوان هم من ضغط على السدات لوضع مادة للشريعة بعد مادة المرة الأولى عام 1971 عندما وضع دستور 71 وضع مادة الشريعة الإسلامية وصدر تشريع ومره عام 1981 أن جعل الشريعة الإسلامية المصدر الأساسي للتشريع وأن الإخوان هم من ضغطوا لتمرير هذه المادة في مجلس الشعب مقابل الكشف عن مهاجمة قانون الأحوال الشخصية.

الجواب:

1- إن في دستور 71 لم يكن الإخوان أمزج عنهم بعد.
2- أن التعديل الدستوري الثاني جاء عام 1980 وليس 1981 بالنسبة للمادة السابقة الذكر وذلك لمحاولة السادات في كل أحواله في الدستور أن يجرب الشيء قبل تقتينه مثلما فعل بالأحزاب والانفتاح وغيره.
3- ليس السادات الذي يساوم ليست شخصيته على مصير بلده من جماعة هو من يتحكم بها بدليل قرارات المنع عام 81 والحد منهم وإلغاؤهم.

4- إن تصويت مجلس الشعب على التعديل الثاني جاء بعد تقنين الشريعة الإسلامية بدلا من القوانين الوضعية وتصويت الشعب عليه بالإجماع وليس الإخوان وذلك عام 79 وقبلها كان هناك دستور مصر الإسلامي عام 78 والذي وضعه السادات لأسلحه أركان الدولة ليكون بديل عن دستور 71 وبعد كتابته اعترض عليه من قبل المعنيين بذلك ومنهم الجماعة الإسلامية والإخوان (إذا كانوا يريدون دوله إسلامية حق) والدستور الموجود على الانترنت ولكن عداوة المساواة بالإسلامية لـم تقل عداوة للسادات عن العلمانيين والمسيحيون.

فأرجوا الانتباه للزج من الكتاب في زمن (المهلبية) الزمن الذي أصبح فيه الممثل وهوامش المجتمع هم من يقومون مقام العلماء بعد هروبهم أو جمعهم أو إنتاج بيئة لقتل علمهم زمن يجعل المشخصاتي من علمه إلى أعمال وجهة لتشكيل وجدان أمة تشكيل كرتوني بعد سجن الأمة وضياع هويتها وقوميتها الوطنية تشكيل كرتوني ساذج بديل فخرج التمثيل عن جوهره ومعناه وهدفه إلى مسخ جديد يسمى (المسخ الفني) ليتوائم مع المسخ القومي الذي بلغ ذروته في ذلك الزمن.

مسخ ولد من رحم ديمقراطية مبارك

إذا نظرت لوجدت أن دين المرء هو الـذي يحكم بـه على التصور والحوادث من حيث مصدرها فلو كنت مثلاً مسلم وجاء زلـزال أو فيضـان فإنك سوف ترجع ذلك للإقرار الألهاهية ويتفق محل أصحاب الدين المنزل مع دعم إنكاره بأسباب الزلازل والفيضانات الجغرافية والفلكية مما يدفعك لاتخاذ اللازم من البحث ولكن المرجعية الدينية منزلة وإذا كنت من أصحاب الدين الوضعي كما شرحنا بالبحث وعلماني سوف ترى الأمور بشكل مادي بحت وإذا انتقلت مـن الطبيعة إلـى عالم الإنسان والحيوان لكان الاختلاف في المرجعية أليس كذلك وعلى ذلك تكون مرجعية قومية كل قومية تمثل هوية أمتها.

هناك نقطة مهمة جداً يجب أن ننتبه لها جيداً وهي أحد نتائج ضياع القومية الوطنية.

قومية ديمقراطية على الطريق

أولاً: عندما كنا معتقلين قد علمنا أن السياسة الأمريكية تقضي بأعداد جيل جديد من الشباب حتى يحل محل الجيل الحالي الذي بلغ من القوم الزمني وبلغ من استنفاذ طاقته للخدمة الديمقراطية العالمية مبلغه فكان لزاماً تكوين كوادر جديدة وهذا ليس بمستغرب فإن ذلك الأمر متبع حتى في المؤسسات بما يعرف بـ (تجريد الدم) وقد وضعت برامج تثقيفية أمريكية ولهذا الغرض وبرامج للتبادل الثقافي وبرامج للتعليم الموجهة مثل منح (فورد) للماجستير والدكتوراه ومنح (أدمست مصر) لنفس الغرض وهي ماجستير ودكتوراه لتخصصات ديمقراطية تطبيقية سياسية وبرامج تعليمية لنقل النموذج الجديد للبلاد والممنوحة لتكوين كوادر جديدة وكان من سمات من يختار للمنحة من بين الألاف كل سنتين وكل أربع سنوات عشرات فقط لشروط تتناسب لظروف وقدرات البرنامج وشخصيات معينة يتم اختيارها من قبل لجان وعلى ذلك وعشرات بل مئات المنح لكل دولة مثل مصر والأردن واليمن وتونس وبعض البلاد الإسلامية الأخرى حتى إني كنتي بين كل فترة وفترة من اعتقالي سواء الاعتقال من الداخل أو الخارج كنت أتردد على تلك المنظمات حيث أني كنت أحسب أنها كما تقول لخدمة البحث العلمي وحيث إني كنت ممن يشملهم مكافحة الإرهاب وكنت معهم على استكمال دراستي العليا رغم القوة الجبارة للسلطات لمنعي من ذلك فوجدت أن كثير جداً من منظمات تعليمية وحيثيات سياسية أمريكية تقدم برامج منح بالاتفاق مع الحكومة مثل (فوليبرايت) وتلك المنح ضمن منح الخارجية الأمريكية فوجدت أن لها أغراض سياسية لإعداد كوادر تخلف الحكومة كوادر شابه وبعد التحريات عني ويوصول جواسيس من الحكومة.

ثانياً: صناعة بعض الحركات السياسية والتي كانت (تحاد) النظام في ظاهرها للضغط عليها للتطبيق للديمقراطية وكانت تصنع الكوادر والمظاهرات والتي تبدو ضد النظام الغير ديمقراطي وهم يريدونها ديمقراطية كما تعلموا بالخارج فكان (انتبه) صناعة هذه الحركات

برعايـة النظـام قبـل ثـورة 25 ينـاير وبتسـهيلات مـن أمـن الدولـة وبالتوجيـة عن بعـد مـن المخـابرات الأمريكيـة (حيـث هنـاك إدارة فـي أي مخـابرات ضـمن إدارة التوجيـه عن بعد أي تجعلـك هـذه الإدارة تفعـل مـا تريـد دون تـدخل مـادي منهـا وهـذا معـروف عـن أي جهـاز مخابرات حتى أن بعض الأجهزة تستطيع أن تجعل منك (مجرم) أو (بطل) أو (شـهيد) أو (منتصر) دون تدخل مباشر منها وهذا يعد من أعظم إنجازات أجهزة المخابرات وتستخدم المكافحة جزء الإنتحار وحرب بدون واعي لذكر شيء) والحقيقة أني قد رأيت الكثير من الشخصيات عندما تم الإفراج الأخير قبل ثورة يناير بـ ستة أشهر ورأيت كثير ممن يعلن بحمـاس بين النـاس أنـه مناضل ديمقراطي بركـة كذا وهو مصنوع صناعة مباشرة وغير مباشرة من الأجهزة الأمنية كذلك كنت أرى كيف كانت المظـاهرات تتم بشكل معين وبشغل وتنسيق أي دون الخروج عن الخط المرسوم وألا يكون التصادم ضروري وهذا عندما كنت (أعمل متابعة أمنية وتأكيدات لتحديد الإقامة وتحديد ملامح كيف أعيش).

وذلك من ضمن الإفراج المشروط لمده معينـة ولكن الأجهزة الأمنيـة بمصر كلهـا الحقيقـة مهتمـه بشخصيات معينـة تـرى فيهـا الفطريـة علـى (الأمـن العـام والقـومي) مـع إن تلـك الشخصيات أغلب من الغلب نفسه وكل ما يحدث لهـا ليس لـه أي أساس من الصحة ولكن هو (القدر الإلـهي) المهم كنت في مره بعد مره أرى شيء من المظـاهرات بتوجيـه أمنـي فسألت مره أحد الضباط أصحاب الرتب الكبيرة بالجهاز حيث تـتم متـابعتي مرتين بالأسبوع في كل جهاز المهم سألت ذلك الضابط (إيه إللـي بيحصل ده فضحك وقال لـي أنها الديمقراطية يا سيدي لازي النظام يدفع ضريبتها) وسألت مره أحد الضباط المحترمين من جهاز محترم وطني لماذا كل هذا قال لـي ليتم الشكل الـديمقراطي للدولـة من ناحيـة ولتكف الدول الأجنبية أمريكا عن الإلحاح والتلويح بالعقوبات.

ثالثاً: لا ننسى شيء مهم إن هؤلاء أي (الجيل الجديد) لا تنسوا أنهم أبنـاء الطبقات التي استفادت من قوانين مبارك السياسية والاقتصادية والاجتماعيـة حتـى حدث تحـول طبقي

وتحول في الثوابت الاجتماعية وفيها وأرى المجتمع سياسة (الإنتماء الذاتي أو الإنتماء الفردي).

ولا ننسى أن أباء هذه الطبقات كانت من الطبقات المسفهة من قبل التحول الطبقي في زمن مبارك والذي بدأ زراعته في اواخر عصر المساواوات ولكن بشكل خفي وكان ظهور هذه البذور على الساحة كان في العصر الناصري فظهرت المتاجرة القومية ثم أيام السادات الاستفادة الاقتصادية من الانفتاح وفي زمن مبارك الخروج من الشرنقة والتكوين الطبقي النفعي وبإمساك البعض بزمام الأمور المختلفة في الدولة حرف التحول في مبادئ المجتمع وفيه حيث عمل هؤلاء على تقنين ما يرون من ثوابت التكوين الثقافي والديني والقومي وهم بذلك المسؤلون عن إرساء قوانين العبودية الداخلية لتكون علاقة اجتماعية بين الطبقات بعضها ببعض فهناك طبقات أسياد وأبناؤهم يجب أن يكونوا أسياد وغيرهم من الطبقات عديدة ويجب أن تكون أولادهم وهناك منهجية وقوانين نفعية لذلك للعبه تحول الطبقات لمن يريد أن يدخل ويخرج من طبقة لأخرى ولا مجال هنا لما كما يسمى بـ (القومية الوطنية) أو ما يسمى بـ (الأمن القومي بالشكل الذي يتناسب مع القومية الوطنية) أو ما يسمى بـ (التأخر الاجتماع أو نحو ذلك).

كما ذكر البحث فى أوله فى القومية ومنشأها ومما تكون وعلاما ترتكز ومن أى شئ تخرج وكيف أنها نتيجة لما تخرج وكيف أنها نتيجة لمقدمه ماتخرج وتركز ونحو ذلك مما ذكرنا ولكننا هنا عندما نتكلم عن القومية الإسلامية فإن لها سمات خاصة لا تتوفر فى أى قومية أخرى ......!!!!!

فإذا كان المفهوم العام للقومية يعنى :-

مجموعة الملامح التى تتجمع من خيوط شتى مترابطة ومتلازمة من أصل ثابت فإذا تجمعت هذه الخيوط رسمت شكل ومضمون الشخصية العامة للأمة ثم تعبر عنها الدولة

فى مجموعة أعمدة تأسيسية تسمى أنظمة ويعنى بذلك النظام الإجتماعى ، النظام الأقتصادى ، النظام .... إلخ لتكون الأم لإصدار القوانين وهذه الأنظمة لها قوالب تعبر عنها تصب فيها القوانين لتتشكل بشكلها لذلك فإن الأنظمة السابق ذكرها وقوالبها تسمى القومية لتشكيلها الملموس للقومية وهذا لأى قومية .

وإذا كانت الأمة هى شعب يكن إقليم ما ولا يهم إختلاف اللغة / الدين والقومية كما ذكر البحث لغة ودين ، تاريخ وما فى مشترك ، معير فإن القومية فى المجمع المحلى الفرنسى (إجتماع أو تكتل يحدث بالفعل بين جماعة بشرية ؟؟؟؟؟؟ أرضاً وهذه ويجمع بها عادات وتقاليد متشابهة ومصالح مشتركة ينتمى أفرادها لأصل واحد وتتحدث غالبيتها لغة واحدة ويكون ذلك صورة أمة) تلاحظه هنا أن التوصية عند الفرنسيين من أجل أمة فالأمة مصدر القومية والقومية والأمة كما ذكر وعلى ذلك تجد أختلاف جوهرى بين التوصيات العدة فالقومية الأمريكية تختلف عن القومية الفرنسية تختلف عن القومية الأسلامية تختلف عن التوصية اليهودية أو الإسرائيلية تختلف عن القومية البدائية ؟؟؟؟؟؟؟؟ قوميات ما قبل الدولة وهى القوميات الجغرافية .

<u>عقيدة القومية</u> : وهى الروابط التى ترجع بالقومية إلى مصدرها فالقومية الفرنسية والقومية الأمريكية مصدرها (الديمقراطية) وهى التى تربط بين أطراف عناصر القومية فالديمقراطية هى التى تربط اللغة والدين كمفهوم عقائدى تراه الديمقراطية ثم توجه بمفهومها فتجد الديمقراطية أن اللغة هى لغة أركان وأنظمة الدولة التى تراها هى بمفهومها مختلط بالدين العام لتلك القومية فإن دين القومية له شكل ودين الأفراد له شكل فدين الدولة الديمقراطية هى ماتضعه لأركان الدولة وأسسها بما يحقق مصالح الشعب على دين الديمقراطية وهو الدين الذى تبلور فى العلمانية حيث أن العلمانية هى مصدر عقائدى للديمقراطية كما تم شرحه تعويضاً عن الدين المنزل ؟؟؟؟؟ بين دين الأفراد الذى هو ملك تعبدى للأفراد يدخل ويفرج منه ما يشاء إذا أشاء وذلك من سمات الدين

الديمقراطى كذلك المنظور العقائدى لأركان الدولة هو التفريق بين دين المواطن ورؤية الدولة لأركانها .

أما عقيدة القومية فى القومية الوطنية الإسلامية :

أنشأت القومية الإسلامية بعد نزول القرآن الكريم ثم أنشئ القرآن المنزل توحيد الجنس وتوحيد الدين وإنشاء أخوة الدين وأعتد اللغة العربية معبر عن مفاهيم الدين ثم أنشئ بذلك تاريخ جديد ليكون ماضى لتلك الأمة الوليدة وربط بينهما بوحدة المصير فكملت بذلك عناصر الأمة فظهرت وبانت على الدم وتجمعها فى البادية على تفرق كل قبيلة على حسب معاشها بما تقتضيه مطالب الحياة من نمو أعشاب وأبار مياه ونحو ذلك فلم تعرف القبائل العربية إنتماء الإنتماء لمصدر الحياة إذا تغير تغير الإنتماء .

وعلى ذلك ظهرت ملامح القومية الإسلامية ثم تبلور ذلك فى شكل دولة كانت تسمى يثرب ثم سميت المدينة إيذانا بظهور ملامح الأمة الجديدة والقومية الحديثة وأن تحديث النبى ص الله عليه وسلم يثرب بأسم المدينة ذلك ؟؟؟؟؟؟؟ بظهور الدعوى الحضارية للأسلام المنزل فإن الإسلام دين حضارة وليس دين . بداوة أو تخلف بذلك ثم تأسيس الأمة قال عنها القرآن (كنتم خير أمة) ثم تأسست قوميتها على روافد منزله وهى الأصل الوحيد (؟؟؟؟ الله الوحدانية) ، (تعبيد الناس لرب الناس وهدم عبودية الناس لغير رب الناس) ، (بسط الألوهية لله وحده بين المخلوقات الإنسان ، الحيوان ، النبات) وذلك بمعرفة العبد ربه وماهية الألوهية وما هو الإله وما يكون الإله به ؟؟؟؟؟؟؟؟؟ ثم معرفة العبد نفسه وقدراته وإمكانياتهه وأن من ثمرة ذلك أن له مولدان الأول كما ذكر البحث ميلاد المخلوقات والثانى ميلاد الإنسان بخروج خريطة الإمكانيات التى تحدد هويته المميزة له كلمة عن الجوهر والماهية ثم منهجية التعامل مع الطبيعة ومع المخلوقات ؟؟؟؟؟؟؟ وبذلك تتحدد إمكانياته وتتحقق ماهيته بتفاعله مع الطبيعة .

ومن ذلك صنع أعظم حضارة بحث على فى التاريخ بتغيره الصحيح للحضارات السابقة وبأخراج الوجههة الأسئلة للحضارية اليونانية وغيرها وبوضعه هو بذلك رؤية الحضارة بحث علمى جديدة كانت تمهيد لحضارة جديدة توقع العلماء الأوربيون أن تكون هذه الحضارة الجديدة ؟؟؟؟؟؟ (عبقرى لم يسبق له مثيل من القومية الأسلامية) وهذا كلام مصحح من خبراء أو علماء أوروبا فى بعض كتب تاريخ العلوم ولكنهم فوجئوا بتراجع مفاجئ للعبقرية الأسلامية وظهرت العبقرية الأوربية بحضارتها الجديدة وهذا يعنى تواصل الحضارات للأصلح والأفضل من البلاد والعباد وأن هناك قوانين لذلك قوانين عمليه من أتى بها كان له السبق ووجد الطريق .

لذلك : فإن القومية الإسلامية هذا هو ركيزة اللغة واليدن والتاريخ ؟؟؟؟؟؟؟؟؟ وهدمت بذلك ما يسمى بالقومية العربية قبل الإسلام ذلك لأن العرب وهذا هو المعنى لكلمة عرب أى (سكان الصحراء) :

1- لم تكن لهم ديانة واحدة فإن العرب ليسوا كلهم من نسل إسماعيل فقد كانو ذو عقائد وديانات شتى وثنية ومجوسية ونعرانية ويهودية .
2- إن القبائل مصيرها كان متوقف على إنهاء وجود بعضهم البعض لذلك لم يكن لهم مصير واحد أخف إلى ذلك أنهم لم يكن بحياتهم معنى سوى محاكاة الدواب فى حياتهم من المعاشرة وملئ البطون والتخاطر .
3- الإنتماء الجغرافى للمكان حيث أن لكل قبيلة إنتماء لمكانها فلم يجمع القبائل مكان واحد لكل القبائل حتى إنتمائهم للمكان مرهون بالماء والعشب أى وسائل حياتهم وحياة الرعى.

وعلى ذلك فلم يكن هناك ما يكن للعرب أى مكان الصحراء مايسمى بالقومية ذلك لإنتفاء شروط القومية فيها .

ذلك فقد جاء القرآن وأنشئ القومية التى جمعت م أنتج هذا الدين من رجال ومبادئ وآخلاق ؟؟؟؟؟؟؟ وثوابت خرجت منها قوميتهم وولدوا الميلاد الثانى فكان سعادة لهم

وللبشرية جمعاء فم القومية الإسلامية فتحت مصر على سبيل المثال ودخل المصريون التى كانت عقائدهم شتى من عقائد وثنية وعقائد نصرانية وبعض اليهودية وبعض المجوسية ديانات خلفتها أمم قد داومت على إحتلال مصر دخل من دخل الإسلام وترك الباقى على دينه ولكن أسست القومية الإسلامية الوطنية فى مصر على :-

1- الأصل العقائدى واللغة
2- دخول المصريين الإسلام
3- تزاوج المسلمين من المصريات والعكس
4- هجرات إسلامية عدة
5- عادات الشعوب وقتها بالتبادل الإستطبتائى بين الأفراد و الأسر من بلاد لبلاد حيث جعلت البلاد الأسلامية كلها ????????

العقيدة الثقافية للقومية

وتعنى التشكيل الفعلى لمفاهيم الأشياء ومفردات الحياة من الصواب والأخطاء والقبح وايصال والبحث العلمى ، القيم ، الأخلاق ، السلم والحرب ونحو ذلك .

وعلى ذلك فإن التوصية الأسلامية الوطنبة أنشأت الدولة بمصر بمفهوم قومى يعنى الوطنية الأسلامية للدولة على أساسيات القومية وهى اللغة الواحدة ، الدين العام للقومية ، وحدة الأصل بعد دخول الشعب فى الإسلام والزواج والهجرات القبائلية ثم إتحاد البلاد الإسلايمة وتلاحم الشعوب والتبادل السكنى بالبلاد مما نتج عنه أجيال بسمات بيولوجية وقومية مصدرها القومية الوطنية التاريخية ثم حدث حدثان أثرا فى القومية المصرية الوطنية :

أ- العلماء والصفوة منهم فى كل المجالات .
ب- الأدباء والمحترفون منهم .
ج- المحاربون الأقوياء .

د- الأسر والعائلات المسلمة والمسيحية وكانوا بالألاف .

وعلى ذلك أجتمع فى مصر منذ عهد التتار أنشأ مصر الثانية على ضوء القومية الوطنية الأسلامية من:

أ- أقوى الرجال . ب- أعلم الرجال .

ج- إنصهار العائلات سواء المسيحية أو الإسلامية لتكوين وتأسيس أصل بيولوجى واحد.

والشئ المهم : هو أن مصر من بعد تحقيق أعظم إنتصار لها على الإطلاق فى القديم ؟؟؟؟؟؟؟؟؟على المقول الذى قهر كل جيوش العالم قد أسس فى مصر الجيش الجديث صاحب طرق حربية وتدريبية وتكتيكية بدرى بعضها ويعمل ببعضها الأن فى أوروبا .

وهو أساس حيث المماليك المصرى وللعلم فإن المماليك يخطر من يظن أنهم غير مصريين فإن المماليك مجموعة صفات ؟؟؟؟؟؟؟؟ وعرفوا اليها :

1- القوة البدنية الغير معهود
2- المهارة الحربية الفائقة
3- الولاء والإخلاص فى الحروب
4- النظام والوحدة والبسالة
5- الإستيعاب العربى المميز

وهم من مختلف البلادج الأسلامية حيث كما ذكر بالبحث إن البلاد الأسلامية وقت ذلك موطن واحد ولم يظهر بعد قانون الجنسية أو المعانى التى ظهرت فى القرن العشرين وبذلك كان تأسيس حيث مصروفتها فإن العنصر الوحيد هو القومية الوطنية الإسلامية والتى أستوطنت مصر على مراحل حتى أصبحت مصر هى البلد الوحيد على ضوء ماسبق التى تحمل سمات الدولة العظيمة لشعب يجب أن يكون عظيم وعظمته يجب أن تكمن فى :-

1- الإنتماء الدائم لقوميته لكونها تحمل سماته الشخصية والقومية سالفة الذكر والتى تشكلت وحددت بحدود مكانية معينة مما جعل لها التميز والإحالة .

2- أن يجعل من قوميته سبب لإنشاء أعظم حضارة ??????????على جديدة ولكن ليس قبل أن يكتشف قوميته الوطنية المشار اليها والتى يجهلها تماماً بما فى ذلك ما يسمى بالتيارات الإسلامية والشباب المسيحى فهولاء وهؤلاء قد بلغوا من الجهل بقوميتهم والتى صنع أباؤهم مجدها مالم يجهله أحداً قبلهم .

عقيدة القومية وعقيدة الفرد

عقعقيدة القومية كما ذكر لا تغنى عقيدة الفرد فإن إعتقاد الفرد بينه وبين ربه أما عقيدة القومية إذا كانت القومية ??????????????????و (التاريخ المشترك) و(المكان) و (وحدة المعير) أخف لذلك (البناء الحضارى المشترك) ولذلك لإبراز وجهه القومية المعبر عن مضمونه وإذا كانت القومية كما شرح البحث قبل ذلك القومية تنشأ حضارة والحضارة تنشئ أمة والأمة تجمع عدد به خواصه السابقة ذكرها منشئ للقومية لها أركانها التى تكون شكل الدولة والدولة لها أركانها من نظام إقتصادى ونظام إجتماعى ونظام ثقافى ونظام سياسى ونحو ذلك وهذه الأنظمة له قوالب قانونية يصاغ فيها بشكل النظام من مفاهيم وأبعاد فلسفية وتأثر مباشر على الفرد والمجتمع يعنى تشكيل الشخصية وهوية الفرد والمجتمع وهذه القوالب هى المسئولة عن شكل الدولة القانونى أمام الداخل والخارج ومن ثم هى المسئولة عن شكل القومية والأمة ومضمونها .

وعلى ذلك فإن الفرد يشكل القومية مع المجتمع إنعكاس للقومية المشكلة للفرد والمجتمع بمعنى أذا كانت القومية هى التى تشكل مفاهيم العقل للفرد والمجتمع فإن الفرد والمجتمع المشكلان من القومية يعودا برد الفعل على تشكيلها لوجهة ومفهوم القومية تعامل بالداخل والخارج فالمسيحى مثلاً عقيدته الخاصة بينه وبين الكنيسة أما عقيدته القومية هى التى تشكلها أركان القومية لتنعكس على هويته التاريخية الذى شارك فى صنعها وأبادة المشاركة مع أخوانه فى القومية المسلمين وكذلك هويته الحضارية وشاركته فى

صنع الماضى القومى والتاريخ العام للأمة وبالتالى تتكون وجدة المعير فيصبح المسيحى بالقومية دون عقيدته الخاصة لتكون القومية أصل له ومنشأ وتاريخ وشخصية وهوية ووحدة تكوين بيولوجى لأن عقيدة المسيحى (تصور لعلاقة العبد بربه) أما القومية فهى الواقع الذى صنعه أباؤه سواء المسلمون أو المسيحيون واقع عيشته ماضى وحاضر ومستقبل لذلك فإن المسيحى هو شريك المسلم فى حماية قوميتهم فلا مجال للقومية الوطنية الأسلامية لما يسمى الوحدة الوطنية المتبعة فى عام 1919 م لأن الوحدة تعنى الأنفعال من قبل والوحدة تعنى شيئان فى وطن واحد والحقيقة فى القومية الوطنية المذكورة أن المسيحى والمسلم وحدة قومية واحدة فلا محل لما يسمى بالوحدة الوطنية أما دين المسلم الخاص هو لا ينفك عن كونه أصل ومصدر البناء لأمة واحدة والأمة هى مصدر للقومية وأن دين الفرد كما ذكر هو (مفهوم الحقيقه الدين وحقيقة العبد وحقيقة الرب والعلاقة بينهما ومفهوم حقيقة الطبيعة ومفهوم حقيقة الإنسان من الطبيعة والعلاقة بينهم) ذاك الدين الإسلامى المنزل وعلى ذلك نزلت مفاهيم التوحيد بالأسلام وبذلك يكون ذلك هو الإسلام وما دون ذلك من معاملات تعبدية تقريبية لهذا المفهوم وتلك الحقائق من ناحية ووللوحى الروحى والأخلاق للمجتمع مسحية وسلمية من ناحية أخرى ولبسط روح المحبة بين الناس وكان فى الإسلام جواز الصدقة على المسيحى كما تجوز على السلم الختاح وإعالة المسيحى فى الدولة الإسلامية كما يعال المسلم وهناك الكثير من القوانين والقصص ولكن ليس مجاله الأن لذلك وما جعلت العداوة بين المسلم والمسلم والمسلم والمسيحى والعكس لجهل المجتمع بذلك (الإسلام) ومن ثم لا معنى للمعاملات ؟؟؟؟؟؟؟؟؟ والقربات وهذا لسقوط الهوية القومية الوطنية فى فترات أخرها بقدوم التتار (المغول) وفترة إحتلالهم للعالم الإسلامى فبدأوا بتغير مفهوم القومية تغير فى أركان الدولة ويعود ذلك التغير إنعكاساً على تغير مفهوم القومية الذى يعود (إنعكاساً) على مفهوم الأمة ؟؟؟؟؟؟؟؟؟؟؟؟؟؟أو ماهية أو شخصية ومن ثم يبدل أجل الدين المنزل ليكون رد

الفعل المعاكس لذلك على الفرد والمجتمع مباشرةً وكانت مصر هى الدولة الوحيدة التى مصدرها أنه وقومية جزء أمة أمه وقومية فبعدما هاجر لمصر صفوة العلماء من المسيحين والملمين هرباً من التتار (المغول) وللجوء ما تبقى خبرة الفرسان والمحاربين من البلاد المنكوبة إنصهر كل ما ذكر مع عناصر الشجاعة والقوة والأحترام لحملة القومية الوطنية المصرية الإسلامية التاريخية (المماليك) وقد تقدم الشرح عن المماليك فهم أقوى عناصر القتال فى العالم الإسلامى بما فيهم أبناء مصر الأقدم عنهم مصريون المنشأ والتدريب والموطن مع زملائهم المصريون الأقدم .

نظراً إن أبناء العالم الإسلامى فى ذلك الوقت وطن واحد فالمماليك سواء الأقدم من فلاحى مصر أون الأحدث من المستجدين وهم مصريون الوطن والمنشأ خاصة أن حكم المماليك ظل أكثر من أربعمائة عام كجكم ولكن كامواطنون مثلهم إخوانهم بمصر حتى بعد قتل محمد على والى مصر لقواد المماليك الذين تبقوا حتى عام 1805 م مكان قضاء على قواد المماليك المحاربين المتبقين ولكن الأجيال السابقة عليهم من مماليك وقواد من نسيج شعباً وحيث مصر الحربى أن خلال الأربعة مائة عام وبعد القضاء على مماليك محمد على فقد فر شرائح المماليك بعد قتل قوادهم وهم بالألاف الكثيرة تفرقوا فى القرى والنجوع بلباس مختلف حرباً من الموت وعندما أنشئ محمد على الدواوين لم يكن لأصل مصر مايثبت النسب بشكل أوراق وقوانين فطلب محمد على من أفراد الشعب كتابة أنسابهم وبذكاء المماليك القاربين نسب أكثرهم نفسه إلى نسب (أل البيت) بعدما عرفوا حب الفلاحين والمدين (آل البيت) وبما أن النسب إليعه فقد تقدم من النسب يرضيه فذكر أكاذيب نسبية وبطولات زاعفة هذا بالأضافة لمن ذكر نسبه بصدق ولكن بأساليب ترضية هو وعائله ولا تنسى التفاخر والتعالى والأكاذيب فى ذلك من صميم الثقافة المصرية وهناك من كان له أنساب ملموسة ونحو ذلك وبذلك إنصهر كل المصريين فى أصل وعجينة واحدة وهو مايميز الشعب مما جعل من قوميته الجزئية قومية عامة هى

الأصل الرسمى للقومية الوطنية وليس بلد أخر وأن مصر هى الأمة التى هى رمز ومثل لكل أمة وأن جيشها بعد هزيمة التتار (المغول) الذى خرج كل جيوش أوروبا والشرق والغرب بوحشية وهلاك للحضارات فإن القومية المصرية المذكورة هزمت تلك الجيوش وأن القومية المصرية الوطنية الأسلامية عن طريق (وأسلاماه) فى أصل التاريخ بذلك اللفظ فى التاريخ الذى يدرس فى جامعات أوروبا نفسها وإن هذا المصطلح هو سبب نصر الله لتلك الأمة ليس لقوتها وشجاعتها فإن المغول هزموا من هم أشجع وأقوى منهم ولو مجتمعين ولكن الله نصر تلك الأمة وجعل رمز نصرها تلك القومية متمثلة فى ذلك المصطلح كما هو منزل وجعل هزيمة وذل هذه الأمة إستبعاد والشعوب والحضارات لها بتطورها التخلى عن ذلك القومية وضياع ذلك المصطلح بما فما بالك بإستبدال هذه القومية لقومية أخرى لتمسخ قومية ذلك الشعب والأمة ويعلم من يريد أن يعلم إن قدر مصر هو تحمل مسئوليتها أمام قوميتها الوطنية وأمام العالم وأن مصر هى المسئولة عن العالم الأسلامى سواء مسلمة أو مسيحية لكون مصر هى الأمة التى تحملها تلك الشعوب لو أنها كانت على قدر العهد فالقومية المصرية تحتاج لرجال لتأجيل تلك القومية وتمكينها مثل ماضى أباؤهم سواء الملمون أو المسيحيون وإستخراج منها ما يؤسسوا به حضارتهم الجديدة ولن تكون إلا حضارة بحث علمى لمحاربة الخرافة ورجال ما يسموا أنفسهم برجال الدين إذا وجدوا فى أنفسهم مصدر أخر للدين المنزل ولمحاربة علما؟؟؟ الأمة الناشئة حتى لا تستأصل ؟؟؟؟ فترة القومية وتخون هذا البلد العهد رجال تؤسس حضارة تضارع حضارة أمريكا وأروبا إستكمال ومعالجة لتكون حضارة بحث على الجميع وليس حضارات تصارع بعضها ويقتل رجالها بعضهم البعض ول أن الأموال والجهود والعقول فى مختلف العالم تصرف لخدمة البحث العلمى لعلاج المرضى ومقاومة الأمراض والرقى بالأنسان ونحو ذلك خير أن اصرف فالالوان القتل والسيطرة والقهر نتنافس لقتل بعضنا بعض ، أن الحياة يحياها الأنسان صعبة فيجهل الأنسان يجعلها أصعب وإذا كانت

أصعب جعلها الأنسان مستحيلة وهكذا حتى تخصص الأنسان فى الأستحواذ للسيطرة وإذلال بعضهم لبعض .

لـذلـك : فإن قومية مصر وشخصية مصر وهوية مصر (أساس) وجغرافية مصر والتى تمتد جنوبياً حتى بعد الخرطوم مايسمى بالسودان (هذه هى الحدود المعلومة والمسجلة جغرافيا منذ عهد الفراعنة ولم يكن هناك مايسمى دولة السودان فقد كان من قبل محافظة قنا بقليل وحتى ما بعد مايسمى الخرطوم أسمها (مصر العليا) وكان هناك (مصر الوسطى) و(مصر السفلى) حتى مدينة غزة فضاعت من مصر العليا جزء كبير بسبب جهل حكامها بعد حركة الجيش 52 وتحت مايسمى فى عهد حمال عبد الناصر (حق تقرير المصير) فكانت زعامة جاهل ثمنها فقد مصر بجزء عزيز من الوطن وللعهد الأستراتيجى لمصر (عقلية ضابط برتبة مقدم) لم تغطى لما يسمى العهد الأستراتيجى مثل ضابط برتبة مقدم أخر أصبح قائد لجيش كبير به اللواءات والعمداء والعقداء وما تحتهم وما فوقهم من فريق ونحو ذلك فكان ذلك الجهل المركب الإعداد والغير مباشر (لمشروع إسرائيل الإستيطانى بحلول بشاير هزيمة 67 على مايسمى بالجيوش العربية والضياع الأبدى للقدس الشريف والمسجد الأقصى)

3) عنصر الجزات البشرية التراكمية فى مصر بسبب ما ذكرت سابقاً ليجتمع فى مصر عناصر ؟؟؟؟؟؟؟؟إذا أردت الفلاحه (الزراعة) وعناصر نموذجية إذا أردت (العمال والصناعة) وعناصر نموذجية بحيث قوى لا يضارعه حيث ،

ولكن : كل ذلك مرهون وموقوف على أسباب ليس محالها الأمر ولكن أصلها هو أصل الأسباب كلها وهى (القومية الوطنية وعودة الشخصية والهوية المصرية والماهية القومية لذلك الشعب وتلك البلد) حتى تصبح مصر حقيقة لا خيال (أمة قومية عظمى فوق كل الأمم) .

ولكن : أين الرجال أبناء تلك البلاد ولك أن نتخيل فرق ؟؟؟؟؟؟؟؟ على من يحرث الأرض ولكن أين تلك الأرض ...!!!! فرق تتحارب لتثبت أنها أحفق بتوجيه منا فيها وحمل الأمانة ولكن أين مايثبت مهارة تلك الفرق بالشكل البرجماتى من تلك الفرق زرع وحصد وجمع (هذا على سبيل الأستعارة) .

ولكن : فرق تتحارب على قومية غير القومية الوطنية تتحارب من أجل فرصة قومية ديمقراطية لا تصلح إلا لأصحابها وكفا من القومية الديمقراطية ضياع الهوية وضياع الأمة وضياع الحدود الجغرافية (لمصر العليا) وكفى ماعنينا من هذا أثم وضياع وتشريد وكفى .... ألخ

(والتعلم) إن الديمقراطية لو ركبت على أمة لها من الأصل قومية تمثل أمة لحل المسخ على هذه الأمة كما يركب وجه حمار على جسم إنسان أو العكس فيصر (وهو حمار وهو إنسان (مخ مخلوق)

(ومثلهم) أنك لو ركبت القومية الوطنية الأسلامية لتلك الأمة على أمة قوميتها ديمقراطية أحدث نفس الشئ ......!!!! فضلاً عن إستبدال دين القومى بإستبدال القومية للطرفين (؟؟؟؟؟؟؟؟؟؟؟؟؟؟)

شكل الدولة

إن شكل الدولة يتغير نسبة لتوصيتها فهناك الدولة الليبرالية الديمقراطية وهناك الدولة اليهودية وهناك الدولة الشيوعية الديمقراطية وهناك الدولة الأسلامية .... ونحو ذلك فإذا أخذنا نموذج :

الدولة (الشيوعية الديمقراطية) والدولة (الليبرالية الديمقراطية)

فمـثلاً : الإستنـاد القومـى للقوميـة الشيوعيـة الديمقراطيـة علـى التـدرج مـن الإشـتراكية الديمقراطية وندا مصحح للبرالية الديمقراطية من حيث الإستناد (الدين) فالأولى مرت من أول العلمانيـة فى المرحلـة الأولى فى الأشتراكيـة الديمقراطيـة مـن أنتصـار البحـث العلمى الطبيعى على ؟؟؟ كما شرحنا سابقاً فكان الأمر ؟؟؟؟؟؟؟؟؟؟؟؟؟؟ونصف للإنسان فكانت النتيجة على النظام الإجتماعى والإقتصادى كما ذكرنا بالبحث فى محور الدولـة السياسى وهو فصل ؟؟؟؟؟؟؟؟؟؟ عن الدولة أى ؟؟؟؟؟؟؟ الدين فلا يتدخل فى السياسة ومن ثم فى قوائم الدولـة حيث أن نتائج البحث العلمى الطبيعى (راجع جزئية ؟؟؟؟؟) فى الفصول الأولى إمتدت أيضاً إلى النظام الإجتماعى .

ففى السياسة قد شكلت مفهوماً للحرية فما أن الأمر قسمة بين (الله) وبين (المواطنين) فعلى المـواطن مفهوم للحريـة والمسـاواة فوضـعت تقسـيم شـكل الدولـة (جمهوريـة – ديمقراطية) أو (الليبرالية ديمقراطيـة – شيوعية ديمقراطيـة) أو نحو ذلك وأيضاً تقسيم السـلطات وفصـلها لمنـع إحتكـار سـلطة علـى سلطة فكانـت (السلطة التشريعية) و (السلطة القضائية) و(السلطة التنفيذية) أما الشيوعية الديمقراطية) وهى كما عرفها (مـاركس) وللعلم فإن هنـاك قبل مـاركس إشتراكيات ولكنها غير تامة أى إقتصادية فقط تخضع من حيث (الإستناد) مثل الليبرالية الديمقراطية نحوها وكذلك المقومات عدا فصل السلطات بنحوها وكذلك الشكل الحديث للدولة .

أما الشيوعية الديمقراطية الماركسية كما قال هو وكما قال منشؤها أنها النضج النهائى للشيوعية الديمقراطية وهى المرحلـة الثانية مـن الإشترايكة حيث أن المرحلـة الأولى وهى الأشتراكية الديمقراطية وهى أى الشيوعية الديمقراطية المرحلـة الثانية (راجع أول البحث) و(راجع مراجع البحث) .

(الإستناد) للشيوعية الديمقراطية هو أن الإنسان يحل محل الله فى عقديتها إستناد للمرحلة الثانية العليا للعلمانية كما دلت النظيات الوجودية والبرجماتية وكما قررت قوانين ؟؟؟؟؟؟؟ بشكلها اللجديث إستناد ؟؟؟؟؟؟؟؟؟؟ (؟؟؟؟؟؟؟) (أرجو مراجعة البحث فى جزئية العلمانية ومصادره)

وعلى ذلك فإن القومية هناك سوف تأخذ شكل ومضمون ويختلف عن ديمقراطية الليبرالية والإشترايكة إختلاف به تتطرف حي ثأن شكل الدولة فى الأولى أنه (الدولة وأن المكواطن هو من ينوب عن نفسه هو نفسه فى تقرير مايريد بالنسبة للتشريع (للعلم هذا نوع أيضاً من الديمقراطية من أنواعه الثلاث وهما النوع :

الأول : أن ينوب الشعب عنه نواب(وهو المعمول به فى الدول الديمقراطية الليبرالية) .

الثانى : الديمقراطية شبهة المباشرة وهى يباشر فيها الشعب إختصاصاته وهو نظام وسط بين الديمقراطية المباشرة والغير مباشرة (النيابية) وهذه الديمقراطية أى الشبهة مباشرة على وجود مجلش نيابى وبجواره يرجع للشعب فى الأمور ذات الطبيعة الحيوية والهامة مثل :

1- الإقتراع الشعبى
2- الإستفتاء الشعبى .
3- الفيتو الشعبى
4- حق إقالة النائب
5- حل البرلمان
6- عزل رئيس الجمهورية أو الدولة
7- الفعل بين الحكومة والبرلمان

أما الثالث : وهو الديمقراطية المباشرة وهذا هو شكل الأمة التى تنتهج نهج الديمقراطية الشيوعية وهو مفهوم سياسى للدولة .

وكذلك زحف شكل الدولة أو الأمة الديمقراطية على أنظمة الدولة سواء الإجتماعية والإقتصادية .

ففى النوع الأول : الديمقراطية الليبرالية – الإشتراكية .

يخضع المجتمع كنظام وعادات بين الرجل والمرأة سواء أسرة أو أو أفراد لما تفرغه نتائج البحث العلمى الإجتماعى والذى وضع قواعد كأحد نتائج البحث العلمى : الطبيعى (الأم) ثم (العلمانية) كام وصفه بين الدين والدولة كان القواعد الإجتماعية الجديدة بمفاهيم حرية (الأم) و(المناصفة)

أما فى النوع الثانى : (الديمقراطية الشيوعية) فإن العلاقة الأسرية والرجل والمرأة والأطفال وعلاقة الفرد بالمجتمع والعكس ونحو ذلك لا ينظمها قوانين بل المجتمع نفسه على مفاهيم (الأم) و(المعادلة) .

الأم : يعنى النتائج العامة للبحث العلمى الطبيعى بمنظور رأته الشيوعية كأنعكاس على المجتمع و (المعادلة) وهى تعنى إحلال الإنسان محل (الله) وليس (مناصفه)

نظام الدولة فى القومية الوطنية الإسلامية

(شكل الدولة) وهنا نستخدم تجاوزاً مصطلح (دولة) حيث أن ذلك المصطلح كما ذكر لم يظهر بشكل ميقن حديث إلا فى القرن السابع عشر أما فى عصر النهضة الأوروبية (راجع أول البحث) والحقيقة إن كان شكل الدولة فى التوصية الإشتراكية الديمقراطية أو الليبرالية الديمقراطية أو الشيوعية الديمقراطية أو نحو ذلك لها إسناد من الدين الوضعى أو غيره فإن إسناد شكل الدولة فى القومية الإسلامية (يسند) للإسلام كما عبر عنه البحث فى الفصل السابع أما بالنسبة للدولة فى تلك القومية فيأخذ منه إفراد الله وحده بالوحدانية فى وضع :

أ- أركان الدولة السياسية ، الإجتماعية ، الإقتصادية ، الثقافية ، وعليه بوضع مفهوم الحرية وذلك للإستناد العام فى التوحيد الإسلامى الذى هو سبب نزول رسالات الرسل والذى تبلور كاملاً ويشكل كمال مناسب تلك عصر ولكل زمن ولكل عقل ولكل فهم ولكل مجتمع حتى أنه يتشكل بحماله بشكل طردى إذا زادت أزمنة البحث العلمى من عدمها وهذا هو الإعجاز الإلهى المنزل حتى قيام القيامة ليكون دليل شهادة إعجازية على أبناء أدم إذا صار فشلهم مثلما فشل بسلفهم من الجن فى مهمة تكبيد المستطاع من الكون لله ونحو ذلك فعلى ذلك إسناد الدولة فى القومية الإسلامية لا يستند إلا على إعجاز لذلك لا يخرج إلا حقيقة الإعجاز من الناس والمجتمعات والعيب يظل فى القائم على ذلك الإسناد ومنهم من ترك ومنهم من (بدل جزء) ومنهم من (أوول) ومنهم من(عبد الإسناد فى شكل الدولة الإسلامية القائم على القومية إلى قوميات أخرى بإخضاع القومية الإسلامية تعبيراً فى قوالب لله وحده فإذا حدث إحلال الديمقراطية حل إسناده فخرج إسناد والدولة الإسلامية بل خرجت معها القومية لقوله (فمن يكفر بالطاغوت ويؤمن بالله فقد إستمسك بالعروة الوثقى لا إنفصام لها .... الأبن) فجعل الإسناد لا يقبل شريك إما توحيد على طريقة القرأن الكريم وإما إسناد على طريقة الديمقراطية وربط بذلك القوميتان كأسناد) فالقوائم الإجتماعية كالنظام الإجتماعى والأقتصادى والسياسى والقانونى والثقافى وحتى مفاهيم الحرية تختلف فى ماهيتها بين القومية الديمقراطية والقومية الإسلامية الوطنية فكلاً يحمل هويته التى تميزه وتحقق مفاهيم قوميته ومرجعيتها كما يريد وبالتالى يتشكل الفرد ويتشكل المجتمع فمثلاً فى النظام الإجتماعى الديمقراطى ينظر للعلاقة بين المرأة والرجل بمنظور نوعى ووما يفرعه الأبحاث الإجتماعية من نتائج مبينة على العقد الإجتماعى مثلاً بين الفرد وبين المجتمع ونحو ذلك من أمور أما فى الركن الإجتماعى فى الدولة الإسلامية يخضع لمفاهيم مقننة موضحة أو غير موضحة بها أصل الفهم والتعامل مثلاً نوع ووظيفة المرأة وخلقتها وكذلك الرجل المشاكل الأسرية ونحو ذلك علاقة الفرد

بالمجتمع كنظام قانونى سواء فى التحقيقات فى الدولة الإسلامية بها ثوابت للحدود مثلاً وعقوبات تتراوح كما يرى أصحاب الأمر فى ذلك على ثوابت إجتماعية فى القرأن الكريم تحدد كيفية وضع العقوبة وأداء العقوبة وحقوق الإنسان ؟؟؟؟؟ بل وحدى العقوبة بين الفلو والتفريط فترى فى ذلك حبس والأخر إيذاء نفى لفظى أو عضوى وترى فى أخر علاج (قتله) .

كذلك : نجد فى الدولة الديمقراطية مثلا مفهوم من النظام الجمهورى أو النظام فهذا المفهوم وهذا التقسيم وذلك الشكل هو من وضع الدولة التى بها مرجعية قومية ديمقراطية مثلاً .

لذلك : فإن من الخطأ العقائدى والخطأ القومى خطأ فادح هو إستخدام مثل هذا فى شكله وتقنين أنظمة وأركان الدولة الأسلامية .

وقد : حاول من قبل منذ التتار (المغول) إستبدال القومية بأخرى وذلك بإستبدال إسناد للدولة غير إسنادها ونحو ذلك وقد مهدها حاول بعض العلماء التوقف ضد ذلك ؟؟؟؟؟؟؟؟ عن قوميتهم وقمية بلادهم لحفظ دينهم ورسالتهم وذلك بعد هزيمة جيوشهم .

فلم يفلحوا كثيراً حتى تحطم دهاء المغول فى مصر كما تحطمت قوتهم العسكرية فتحرقوا أن الإسلام فرسان بواسل مزمعين عنه وعن قوميته فسبب ظهور ذلك الإعجاز الخارج من تلك القومية على يد أبناء مصر أسلم كثير من المغول حتى أنهم إنخرط بهم فى شعب مصر كمواطن والبعض أسس كيانات أسلامية مثل تتاوستان) و (منغوليا) ونحو ذلك .

فإن : جريمة أصحاب المسخ القومى السابق ذكرهم سواء من الأحزاب الإسلامية أو الجماعات أو التنظيمات الإسلامية والذين أنخرطوا فى قومية الديمقراطية ودينها قد أرتكبوا جريمة أخرى وهى تفعيل الخطة تعبيد هذه البلاد وقوميتها مغللة بإغلال الديمقراطية (المستبدلة) لوضع البلاد على خريطة القوميات المستعمرة والدين المستهر بغيره لتكون

النتيجة كما ذكروا هروباً القومية الوطنية وهروب الإسناد لها وهو الإسلام الأصل المذكور سابقاً بالفصل السابق وحذفه حذف القومية منه وبقاء القريات التعبدية للإسلام (للأصل) المشهر فتكون القريات التعبدية بلا جدوى ولا هدف فيظهر فى المجتمع مسلمون بلا إسلام .

والحقيقة : أن القومية الوطنية الأسلامية ووطنها (مصر) (للأسباب المذكورة بالفصول السابقة)

عندما حاول من حاول إستبدالها أوقفوا أعمل تلك القومية وقد كان عملها المفروض عمله عليها هو إخراج العباد من عبدة العباد وما صنعوا من ألهة مزعومة مصنوعة .

سواء فى شكل تماثيل أو نحو ذلك التصوير العقائدى السابق بعد شرحه بالفصول الأولى (فى كيفية إنشاء الإنسان لإله مزهوم للحاجة) أو فى شكل أنظمة تشريعية أو أنظمة قومية أو نحو ذلك على ضوء ما سبق شرحه (برجاء متابعة البحث أو الكتاب للفصول)

ثالثاً : التشريع : وهذا التشريع يأتى بعد إنشاء الدولة سواء ذات القومية الديمقراطية أو الدولة الإسلامية للأنظمة الخاصة بتشكيل شكل الدولة فتتشكل الأنظمة سواء الأقتصادية أو الأجتماعية ونحوها إلى قوالب مثلها بشكل ومضمون وماهية كل قومية وعلى ذلك توضع التشريعات الخاصة بكل نظام فى تلك القوالب فيخرج تشريع للنظام الإجتماعى على شكل مضمون عام لمفهوم الديمقراطية لهذا النظام على ضوء ما سبق ذكره وكذلك المفهوم للقومية الإسلامية فيتضح التباين والإختلاف لإختلاف القوميات والعقائد وتشريعات الديمقراطية المسئول عن وضعها المجالس النيابية المباشرة أو الشبهة مباشرة أو نحو ذلك بينما فى القومية الإسلامية الوطنية أن المشرع لتلك الأنظمة (هو الله وحده) كما جاء فى القرآن الكريم وهذا التشريع كما ذكر تشريع قوالب للأنظمة تعبر عن

مفاهيم التوحيد لتعبيد المجتمع والدولة لله وحده وتشريع قانونى سواء مباشر (الحدود) أو غير مباشر (توجيهى لوضع قواعد للحكم والأنظمة) .

رابعاً : فلسفة إدارة المجتمع أو الدولة أو الكيان (الأنظمة كالنظام الإجتماعى والسياسى والإقتصادى زنحو ذلك) وعلاقة كل منهما بل وممارسة تلك السلطات بالنسبة للحاكم ومعاونيه أو الخليفة والرتب ففى (الديمقراطية) .

فلسفة الحكم : واضعها فلاسفة إجتماعيين تجريبيين كنتيجة كما ذكر البحث لقوانين البحث العلمى الطبيعى للعلماء الطبيعيين التجريبيين بعد عصر النهضة ومثل هؤلاء الفلاسفة الإجتماعيين : -

1- جون لوك : والذى وضع فلسفة إجتماعية عن (الجمهورية المدنية) وذلك إستخدام لمصطلح المدنية فى الديمقراطية بين أربابها وبين المجموعات الإنتفاعية الجاهلة من الجماعات الإسلامية ، فقد رأى لوك أن المجتمع السياسى قبيل نشأته مجتمع تسوده (مياه النطرة والبداوة) يسودها الحب والوفاق ومبادئ القانون الطبيعى أى الغرائز .

فأطرات فى ذهن لوك فكرة السلطة أن تقوم فى الدولة على الرضا والموافقة وذلك على :

1- حق الشعب فى الثورة والتمرد على الحاكم إذا ما أخل بألتزماته .
2- الحاكم والشعب طرفان لعقد يمكن فسخه .
3- الحاكم مجرد طرف فى عقد ليس إلا .
4- بنيان الحكومة للدولة وهو الفصل بين السلطات فتكون للدولة سلطتين .
أ- سلطة تشريعية لسير المجتمع   ب- سلطة تنفيذية لتنفذ تلك القواعد التشريعية

وكذلك : الفليسوف صاحب العقد الإجتماعى (جان جاك رسو) ومؤلفات ذلك الفليسوف ذات التأثير فى قادة الثورة الفرنسية وهذه الثورة غرام لكل دول العالم الثالث

فى الديمقراطية أما بالنسبة لمؤلفه (العقد الإجتماعى) أعتبره قادة الثورة الفرنسية (إنجيل الثورة الفرنسية) وروسو على نفس عقيدة جون لوك الساسية والديمقراطية ولكنه وضع لها قواعد وأصول وكذلك موضوع العقدين الحاكم والشعب وكيفية فسخ ذلك العقد وشكله فى الأولى (إعتبار أفراد ذلك العقد أفراد طبعيين) و(كل واحد من الجماعة السياسية يعطى المجموع نفسه وكل قوته وأطفا نفسه تحت الإرادة العليا للجماعة) .

وهذا ما تقوله الديمقراطية بالظبط وما يتشرق به العلمانيون الديمقراطيون ومنافهم ما يسموا الأسلاميون الديمقراطيون وكذلك إستخدام (روسو) مصطلح (الحقوق المدنية) لتكون مقابل تنازل حقوق السياسى الفرد والجماعة عن المصالح الشخصية والرغبات الشخصية .

وذلك : عكس المفاهيم فى العقيدة الإسلامية .

وكذلك : المفاهيم الفقهية التى وضعها الفقهاء ال؟إسلاميون قديماً فى كيفية إختيار الحاكم وسلطته إعتماداً على القواعد الفقهية المستنبطة من (القرأن الكريم) و(السنة)

والتعلم : إن الدولة فى القومية الديمقراطية قابلة للتطور وليست ثابته المبادئ من حيث التكوين فعند التشكيل الحديث للعلمانية للدين المسيحى أصبح له رؤية مختلفة بالنسبة لمفهوم الديمقراطية طبقاً لكل عصر .

<u>فأصبح قوام الدولة الديمقراطية :-</u>

1- الدم
2- الدين
3- الوعى السياسى

وتحكم هذه القوامة مبادئ ثابته قابلة للتشكيل :-

1- العلمانية
2- الديمقراطية كقومية
3- الحرية
4- العدالة الإجتماعية

لذلك فإن الدولة الممثلة للقومية فى شكله لها محورين :-

1- السيادة : ونوعها بالنسبة للقومية الديمقراطية تبقى على ضوء المفهوم العلمانى كأصل والديمقراطية كقومية والعدالة الإجتماعية فى توزيع السلطات .

2- التركيب : أى التركيب السياسى للدولة فإذا كانت ديمقراطية فهما الثلاث سلطات المعروفة والفصل بينهم .

أما محورين الدولة القومية الإسلامية :

السيادة : المفهوم التوصيبى ورسالته السابق شرحها كأصل ، والقومية الإسلامية بمفهومها الوطنى المستقل ، ومسئولية الحاكم كنمسئول أول أمام الله ثم أمام الناس وله حق السلطة والمسئولية على مقاليد الحكم .

التركيب : فليس هناك مايسمى بالسلطات الثلاث ولكنها تكون من مؤسسات تملكها الدولة (عديدة) يرأسها رئيس الدولة .

من حيث العقد : فقد سبق التسويق بما تقوم عليه الديمقراطية من عقد وفسخ عقد أما فى الدولة الأسلامية ما يسمى بالثورة ضد الحاكم مذموم شرعاً ومحرم ولكن مسألة خلع الحاكم مسئله لها ضوابط شرعية منظمة وليس كما فى الديمقراطية من فوضى وإعتصام وتعطيل مصالح وما شابه .

كذلك : فإنه أتضح أن أفراد (فلاسفة) هم من يضعون أحوال وقواعد العقاب والثواب والحرام والحلال فى الدولة الديمقراطية (تشريعاً) أما فى الأسلام أو الدولة الأسلامية

واضع الثوابت والقوالب القانونية والتشريعية (الله) فيتضح منا أمر أمر واضح أيضاً فى الإختلاف العقائدى والقومى .

وإن : بذلك الدولة الأسلامية تملك مميزات الأستقرار عكس الديمقراطية صاحبة القلاقل والتنافس المستمر على الحكم وعلى السلطات مما يخرج الأنسان عن الهدف الحقيقى من الحياة إلى وقوع الناس فى عدادات وسياقات وأحزاب وتفرق .

إنتقاد : لقد أنتقد الديمقراطية الكثير من الفلاسفة من من أول أفلاطون الذى قال (مهما قيل عن التظلم الديمقراطية فمهما قيل عن الحرية والمساواة فإن الفقراء ينظرون إلى الأغنياء نظرة عدم إرتياح وخوف وعندما يقف الفقير بجانب التنحى فى القتال فإن المسكين الذين يكسوا الجلد عظمة يقول لنفسعه حين يرى الغنى الذى يكتظ جسمه باللحم والشحم وهو يجرى (وحشاً فاقد لأعصابه إن جنيننا نحن الفقراء ??????? هى التى جعلت هؤلاء أغنياء) (الجمهورية) الكتاب (8) .

وكذلك يقول (إن الديمقراطية تبدأ عندما ينتصر الفقراء على الأغنياء فيقتلون عدواً منهم ويشردون عدداً منهم أخر ثم يقسمون عليهم بعد ذلك بالتساوى معها الحكم والوظائف) وقد كان أفلاطون يفضل الديمقراطية الشيوعية فهى السبيل الوحيد من وجهة نظره للديمقراطية الحقة ويتفق معه ماركس وغيرهم فإن الديمقراطية بأشكالها وأنواعها سواء الديمقراطية الإشتراكية أو الشيوعية أو الليبرالية أو نحو ذلك فإن الدم والقتل والعداء هو أبرز سماتها كما عبر ذلك البيان الشيوعى الوطنى فى الثورة ????????? .

وقد ذكر أحد العلماء عن الديمقراطية تقريراً (إن المثقف والعالم بجانب السفية والجاهل والأحمق والأنتهازى لمجرد أينتخبه أحدهم يكون مشرع لهذه الدولة وأى تشريع يمكن أن يخرج من عقل جاهل أو سفيه أو مخرب إقتصادى ... إنها المساواة والحمقاء)

أتعلم : أن الشعب الألمانى إذا كلمت مع أحدهم باللغة الأنجليزية فلا يرد عليك رغم علمه بها ولكنه يريد أن تكلمه بلغة قوميته الألمانية إعتزازاً بقوميته وكل من سافر إلى المانيا يعرف ذلك .

وكذلك : إسرائيل تقضى على من لا يعترف يهودية الدولة وقوميتها اليهودية بالحبس سنة سجن .

؟؟؟؟؟؟؟؟ : من ذلك تلك شعوب تعتز بقوميتها فأين قوميتى بين جاهل ونفعى وخبيث !!!!...

لمحة عن الأبعاد القومية الوطنية بمصر

إن الله سبحانه وتعالى قد أنعم على مصر ينعم قد لا يعلمها كثير منهم وقد ؟؟؟؟؟ مصر من إبتلاء الجهل والغفلة وسقوطها فى مستنقع ما يسمى بالعالم الثالث ذلك بما اقترفت أديهم لثلاثة أسباب :-

الأول : دخول الكثير من البلاد والأمم الإسلام دون أن يتعلم لأحدهم ماهو الإسلام وبما يكون به المرر مسلم وبما يكون به المرر غير مسلم وذلك بقع بالدرجة الأولى على طلاب العلم المخلصين وعلى الأمراء والحكام الذين رأو فى جهل بعض الأمة (كنز) لإستغلال ذلك الجهل للنفوذ والتفوق السياسى والحكم منها :-

أ- تأجيل بعض عقائد الجاهلية فى عقيدة الإسلام مخالفة لعقيدة ما تسمى (الولاء والبراء) .

ب- التلاعب بعناصر الجاهلية فى النسب مفرقين الأمة بين ما يسمى (بعرب) و (مسلمين) ذلك لأستئثار بعض الأسر مثل الأمويين والعباسيين على الحكم ، والحكم يعنى المال والحاهلية والتفاخر الجاهلى كاسابق عهد أباؤهم قبل الإسلام (ولتعلم أنه

ما ظهر التعاقد والتعالى فى أمة ألا تعلم أنها نتيجة لمقدمة مكونة من ثلاثة أضلاع جهل وسطحية وفكرية وسعور نفس بالضالها وهو ما يسميه علم النفس عقده (الدونية) وهو ما يشعر به المرء مقارنة بغيره لمجرد وجود غيره يشعر بأنه الأدنى والأقل فعلى ذلك يأتى الشعور بالتفاخر الجاهلى والتعالى لذلك رد فعل نفس على المقدمة وهذا ما ذمة الإسلام) .

ثانياً : الإستعمار الأجنبى فقد كان بضرب قوة المسلمين وكان قوتهم فى عقيدتهم التى وحدتهم وليش أى شئ أخر وجعلتهم أمة قوية وجعلت تلك أمة قوية وجعلت لتلك الأمة قومية علمية مؤسسة فكان فعل الإستعمار هو سلب القومية الوطنية من ذلك الأمة ويدعها فى حيرة وشتات فيعود إليها الجهل بعد مايملك القائمون عليها والمسئولون من طلاب العلم إلا المجاهدون منهم يلهثون خلف قوميات مستبدلة (وهو مانجح فيه فيه الإستعارة منذ زمن)

ثالثاً : وهذا النصر أخطر العناصر ذلك بأنه خاص بالحكام وطلاب العلم (المسحوق بالعلماء) وبعض المنوثين والعملاء والمنافقين والذين فى قلوبهم مرض وهؤلاء هم من أصل القوميات الأجنبية كبيديل عن التوصية الوطنية فى تحالف غير مباشر مع القوة المستعمرة بعد تحالف مباشر ثم فعل التاريخ فعلته حتى جعل هذا الشئ الجديد (عادة وبيديهية) وأصلية فتوالى من هذه المقدمة نتيجة لعناصر شعبية وقيادية وعلمية ليس لها ولا لقوميتها بل اتقنتها قوميتها فحدث (المسخ) على أيديهم ولعب سفهاء العلم وجهله العلماء فعلتهم فى أسلحة تلك القوميات ومحاولة تأصيلها ولكن الله لهم بالمرصاد وفقد جعل الله مصر (ولادة) للطلاب العلم والرجال والمجاهدين والرجال المجتمع فيهم صيانة قوميتهم .

(جزء ماحبى به الله مصر)

أولاً : مصر دولة جغرافية من النوع (البسيط) ويعنى ذلك فى لغة الجغرافى أن ليس لها فواصل طبيعية بين قراها ومدنيها فإن أسيوط على مداد جغرافى من القاهرة والقاهرة على مداد للمنوفية والأسكندرية على مداد غيرها لذلك فإن مصر العليا ومصر الوسطى ومصر السفلى كلها وكأنها بلد واحدة أو قرية صغيرة رغم بعد مساحتها وعمقها الإستراتيجى (راجع الفصول السابقة من الكلام عن خريطة مصر)

ثانياً : من حيث الموارد الطبيعية :

<u>فإن الله أعطى مصر :-</u>

1- أنهار يضعها نهر النيل وليس نهر النيل فقط فإن النهر الأزرق والأبيض يمر فى أرض مصر قبلها يتحول إلى نهر تهر النيل أما بالنسبة لنهر النيل فأنه يبدأ ليس من الصعب وإن كان الصعب هو أصل ماؤه ولكن المسمى فى نهر النيل يبدأ من مصر العليا والتى أخذ منها الجزء الأكبر ليكون ما يسمى ب (الودان) والتى ولد إسمها فى أيام الملك فؤاد عندما أراد أن أغلب هذا الجزء سود البشرة فقالوا تعريفاً لهم سودان فكان إحتلال مصر من إنجلترا (مصر والسودان) وإن جيش مصر وشعبا مصر العليا ما يسمى السودان منذ حكم الفراعنة وخرائط مصر الجغرافيا فى المجمع العلمى وغيره حتى فى المجامع الدولية تقول ذلك وكذلك التاريخ حيث بدايات حكم الفراعنة والأسر من تلك المنطقة والتقسيم الجغرافى كما ذكر (مصر العليا - مصر الوسطى - مصر السفلى) .

ثم : حدث أقرب حدث فى التاريخ وهو إعطاء ما يسمى بالسودان حق تقرير المصير وذلك عندما تولى جمال عبد الناصر حكم مصر ثم إنفصال السودان عن مصر والإعتراف بذلك الجزء العزيز من الوطن (من مصر العليا) (سموهم) السودان فولدت دولة السودان جغرافيا كما ولدت أسمياً ولا يعلم من فعل ذلك أنعه قد أهدر جزء عزيز من الوطن وأنه قد أنهى بذلك البعد الإستراتيجى لمصر ولا يعلم أنه يقضى على بقية مصر

أرضاً وشعباً فى الحاضر والمستقبل حيث ضياع ذلك الجزء بأنهاره وأرضه الخصبة ومـوارده وأمن مصر القومى من الناحية الإستراتيجية والفكرية بل و ضرب القومية الإسلامية المصرية الوطنية فى مقتل .

ليس : من حق أحد وإن علا كعبه أن يفرط فى شبر من الأراضى المصرية أوفى التوصية الوطنية ذلك لأن ماذكر ليس ملكاً لاحد حتى الشعب نفسه إن القومية المصرية وما يشملها من الأراضى المصرية الجغرافيا .

- فإن شعبها وساساتهم والطوائف العلمية بها وجيشها حراس عليها فقط لأنها أمانة فى أعناق شعبها .

لذلك : فإن القومية الوطنية المصرية وأراضيها الجغرافية مصر فى ذاتها ولذاتها فلا تباع أو تستبدل أو تهدى .

وعلى ذلك : فإنه سوف يأتى اليوم الذى يخرج من هذا الشعب من يسترد تلك القومية فبذلك فقط تستطيع أت تؤسس الأمة أعظم حذارة بحث علمى فى التاريخ وإنهاء الخصومة بين أطراف الشعب الواحد صاحب القومية الواحدة .

أرجو : أن يسترد المصريون قوميتهم حتى يكون على مستوى عظمة تلك البلاد والتى عظمتها من أساسيات طبيعية وإختصاصتها بقومية السابق ذكرها لو تأملت ما حدث فى التاريخ لكى تكتمل هذه القومية بعد هزيمة التتار بعناصر مدعمة مأصلة لها لعلمت أن الله قد أعطى لمصر قومية أكتملت على مراحل كمال نضج حتى أصبحت (كنز) ولكن شعبها لا يدرى للأسباب السالف ذكرها ولو علمت لأن تلك القومية بها ما يجعل من مصر كقومية أم ومصدراً للعالم الإسلامية ومرجعية وعطاء لباقى القوميات ولأوضعت مصر قبل الدول العظمى فأين الرجال الوطنيون أين من يقوم بتلك القومية ...!!!

بعيد عن مزايدات الجماعات (المنتقعون الجدد) والذين يطلبون الدنيا بالدين حتى أبى الله إلا أن يكشف المنافقون .

لمحات مصر النضج القومى لمصر

لقد علمنا التكوين النوعى للقومية وأن هناك قوميات قبل ظهور الإسلام ولكن ليس بقوميات ؟؟؟؟؟؟؟ التكوين فضلاً عدم علمها بمفاهيم القومية ولكن كان هناك أمم وأن الأمة أحد عناصر القومية وإذا كان الأسلام هو أول من وضع مفهوم القوميات لمفهوم إصطلاحى علمى حقيقى يكون مصدراً للتقنين الجديث للقومية ولكن بمفهوم أوروبى يختلف فى المفهوم وليس فى التقنين النوعى ، ولكن ماذا عن العنصر البشرى ووحدة الأصل فى المفهوم الأوروبى ، إن المفهوم الأوروبى للقومية فى وحدة الأصل ليس شرطاً فى القومية الواحدة وضرب مثلاً بالأمة السويسرية والأمة الأمريكية وغيرها ولكن البحث هنا يقول أن بعض الأمم لو إندمجت بقومية ما ومى عليها زمن فإن علماء الإجتماع يقول (إن الأنسان إبن بيئته ونشأته) لذلك يتعدد الوطن الجغرافى ولا يستق أما القومية فى مصدر ومفهوم أخر فالقومية هى التى تشكل مفهوم الوطن الجغرافى وليس العكس فالأمة الأمريكية بدأت بعنصر شعب من بريطانيا ثم تعددت مصادر الشعوب فيها فتجتمع تحت قومية وطنية واحدة لها مفهوم واحد ترتكز على أركان معلومة تاريخياً ولها مصدر تمثله الأمة لتمثلها القومية وتعبر عنها الدولة السياسية أما بالنسبة لمصر فالأمر مختلف :-

إن قبل دخول الإسلام مصر على يد الفاتحين (العرب سابقاً قبل الإسلام المسلمون بعد الإسلام ذلك إسمهم وبداية قوميتهم الجديدة) .

أولاً : قد كان فى مصر أمة مكونة من شعب مصر الأول (المصريون القدماء قبل موسى عليه السلام) وهم قبائل نزعت من أفريقيا وسط أو غرب إفريقيا جزء سكن المغرب وجزء

سكن وادى النيل فكانت مصر بحددودها الجغرافية وشعبها فى هذه الفترة كانت بعذ القبائل العربيـة تـدخل مصـر للإقامـة ثـم لبثـت أن نافسـت علـى نفـوذ المسيطرون مـن الزراعـة فتحصر إقامة العرب وإستيطان العرب بالسواحل المصرية : ذكر المؤرخون:-

وهم (   )

وقالوا (   )

ثانياً : إستيطانات عدة وذلك كان أى الإيستطان بشكل سلمى كان مفهوم لـدى الشعوب قديماً كما حدث ببعض الأمم مثل بابل وآشور ومثل العرب فـى الأراضـى الحجازيـة حيث إسماعيل إبراهيم عليهما السلام وأمة السيدة أمنـا العليا هاجر عليها السلام فإن إبراهيم ليس عربياً ولا يتكلم العربية ولا يثبته عربية وكذلك ولـده إسماعيل وأمـة ومـع ذلـك عاشوا بالجزيرة العربية وتزوج عدة مرات وأختلط بالقبائل وأنجب أولاداً عدة أسسوا عشائر أبنـاء إسماعيل ومنهم أى من ذرية بعضهم النبى محمد صلى الله عليه وسلم .

وكذلك فى مصر وخاصة بعد هلاك فرعون موسى وهلك معه الغالبيـة العظمـى من رجال شعب مصر ولم يبقى بمصر من الرجال سوى الشيوخ منـهم الفانى ومنـهم العاجز والأطفال وذلك بعدما أخرج فرعون لمرسى كل ما يستطيع حمل السلاح وحكلوا جميعاً وقد ذكرت أحـدى البرديـات ذلـك حتـى أن النسـاء لـم تجـد مـن يجدد نسل هذا الشعب فكانـت إحـدى البرديات تصور طابور وصفوف للقريـة واحدة تحمل كا واحدة منـهن إنـاء ورجل وشيخ فـانى جـالس أمـا معهـن أمـا الإنـاء فهـو لطلـب مـاء ذلـك الشيخ للتلقيح المعروف أن المصريون القدماء سذاجة تعبيريـة عن اللغة فتأتى اللغة (تصورية وليست حرفيـة أى بـالحروف حيـث أن المصـريون القـدماء لا يحرقـون الكتابـة أو القـراءة فكـان التصـوير التعبيرى هو الوسيلة فإن إختراع الكتابـة والقراءة بـالحروف يرجع للحضـارة (السومرية) كما هو معروف) .

وعلى ذلك فإن الإستيطان من شعوب لها قوة عسكرية مثل البطالة واليونان والرومان والحيثيون وشعوب كثيرة داومت على إحتلال مصر وإخضاع أهلها وكذلك الفرس قد داوموا عدة مرات على إحتلال مصر وكان الإحتلال العسكرى وقتها غير الأن فوقتها كان إحتلال حضارة لأخرى فياتى العسكر لإخضاع البلاد والشعب أولاً ثم يضمها لأملاكه ولشعبه وتكون الشعوب المهزومة والمحتلة مجرد وسيلة لرفعه الشعوب المحتلة من إستبعاد وقهر أهل تلك البلاد وإستنزاف مواردها وبما أنها من ولايات الدولة المنتصرة فإنها ؟؟؟؟ لشعوب المنصر من التنقل والترحال والإستيطان ونحو ذلك ومصر كانت لا تقاوم أى جيش أو أى أمة أو أى دولة ذلك بعد هلاك فرعون ومن معه كما أنه كان من عادات المصريين القدماء (الخوف والجبن) من أى ما يفزعهم أو يخفيهم وقد نقلوا تلك الثقافة من أفريقيا (وسط أفريقيا أو غربها كما ذكر المؤرخون) وهذه الثقافة الأفريقية حيث أصل موطن المصرى الأول توارثها الأجيال حتى أصبحت ثقافة وعقيدة فكانت الوسيلة الوحيدة للقضاء على تلك المخاوف هى عبادة تلك المخاوف المتشكلة فى شكل مادى مثل القطة أو معنوى مثل تصوير الهة هلامية وهمية مما مهد عند الفراعنة المصريون وملوكهم داخل على المصريون القدماء وإقناعهم يتجد الألهة خيبهم ثم إقناعهم أنهم هم الألهة وعند علماء النفس (عندما يدخل الخوف على إنسان ويسيطر على عقله وجهاز العصبى فإنه يفقده التوازن النفسى والثبات الإنفعالى فيصدق أى فكرة أو أى إعتقاد وبلوذية وهما يتحول إلى حقيقة عند الخائف) وكذلك عند العلماء الثوييون (عنده يصدق العقل فكرة ما فإن الجسم يصدقها بشكل توازن مادى عقلى وتكون حقيقة موضوعية عنده) وهذا يفسر لك السر الحقيقى الذى فعله المصريون القدماء مع الأسكندر المقدونى ذلك الرجل وجيشه الجبار الشجاع فقد أستطاع الإسكندر فتح وإحتلال وهزيمة كل جيوش العالم تقريباً وقد لاقى من جيوش أى من البلاد التى خاصة معها حروب لاقى بأساً ومقاومة عنيفة مميته ولكن الحال فى مصر مختلف فقد إستلم الجيش

المصرى بلا مقاومة وفتحوا للإسكندر البلاد المصرية لـه ولجيشه وقد أستقبل كبار رجال الدولة المصرية وعى رأسهم الكهنة وسلحوا للأسكندر مفاتيح مصر هذا غريب عن طبيعة الأمم والجيوش وقتها ولكن الأغرب يفسر الغريب وهو أن الكهنة والشعب ورجال الدولة قد نصب الأسكندر المقذوفى إله للمصريين فى المعبد الكبير وكان ذلك بين الإحتفال كبير شعبى وقد أحب الأسكندر مصر ؟؟؟؟؟؟ بها بعض من أراد من جيشه وبنى الإسكندر مدينة الأسكندرية وجعل منها منارة للعلم وحعل بها أعظم مكتبة فى ذلك الوقت وكانت الأسكندرية بها جامعة التدريس العلوم والقائم على التدريس بها معلمون وعلماء من بلاد شتى وأصبحت فى ذلك الوقت أحد المقاصر العلمية للعلماء والفلاسفة لندرة وأحالة الكتب بها .

ثالثاً : إستيطان إستعبادى : وهذا النوع المقصود به ما كانت تبيحة الدولة ذلك الزمن بمختلف حضاراتها ومنها مصر القديمة من إنتشار بيع وشراء العبيد بل وإستجلاب العبيد للأعمال الشاقة وكما ذكرت فلسفة الحضارات أن هؤلاء العبيد سواء المصريون أو المستجلون مع الأمم المختلفة سواء عسكرية أو مدنية أى أسر وعشائر إستيطانية كانوا يعاملوا معاملة حسنة ونظراً لعدم وجود قانون الجنسيات الجغرافية للمسالمين وليسوا الحربيون فإنهم يدخلوا نسيخ الشعوب بالوطن والبيئة الجديدة حتى أنه فى زمن الرومان قد أستجلبا البعض منهم عبيداً من (بلغاريا وبعض البلاد المجاورة لبلغاريا) وذلك ليقوموا بالأعمال التى لا يطيق المصريون القيام بها وكباقى الأماكن من الشعوب الأخرى للقيام بها وسموا (جيبس) أى قبطى) فكان (قبط للجمع وقبطى للمفرد تريف لمصطلح جبت أو جبس) وهؤلاء العبيد جاء وكما ذكرنا من بلاد البلغار ونحوهم وليس لهم أى علاقة بأى دين سواء مسيحى أو مسلم فهو مصطلح صفة لجنس وعندما بالغ الرومان الذى بلغ إقامتهم العسكرية فى مصر حوالى خمسة قرون عندما بالغوا فى إهانة المصريون وإذلالهم فكانوا يعممو عليهم صفة جيت كمصطلح سب وإهانة وليس هناك ما

يستدعى أن يسمى الأجانب (مصر) ب (إيجيبت) فإن المصريون كان لهم لغتان وكان هناك لغة الأقباط ليس لها أى علاقة باللغة المصرية هكذا ذكر الباحثون فى علم الأثار أن اللغة المصرية القديمة هى :

1- اللغة الهيروغليفية ، وهى اللغة الرسمية ولغة الدين
2- اللغة الديمقراطية ، وهى اللغة الشعبية أى لغة الشعب .
3- اللغة اليونانية ومنها نشأت اللغة القبطية .

فكانت اللغة القبطية هى اللغة اليونانية التى كان يستخدمها الأقباط من شعب مصر المتعدد الجنسيات لجنسية واحدة هى مصر .

وهى اللغة الأصلية التى كتب بها من كتب الأنجيل وبعد دخول المسيحية مصر وزادوا الرومان من إضهاد والمصريون معتنقوا المسيحية وكانت المسيحية تكفر وتسفه ضمنياً دين الرومان معتقدوا فى تعدد الألهة الوهمية وخرافاتهم الإعتقادية فكانت المسيحية التى جاء بها المسيح من توحيد منزل وهو إفراد الله وحده بالوحدانية وأنه سبحانه ليس كمثله شئ وكان هذا دين الشعب المصرى الذى أمن منهم بالمسيحية وعلى قدر مصطلح الكنيسة المصرية فى كتابها (تاريخ الكنيسة القبطية) أن دين غالبية من أعتنق المسيحية ممن أمن بها من المصريون وبعض الشعوب الأخرى كان إعتقاد (الأله والطبيعة الواحدة) وهذا يعنى أن المسيح هو رسول الله وأن لا أله الا الله ليس له ولد ولا شبيه له وكان أشهر الاساقفة المجاهدين ومعه لفيف من الفادسة والرهان السجعان المؤمنون هو الأسقف (آريوس) وبعدما فرضت روما على الشعب إعتناقها هى للمسيحية كبطارقة وملوك ولكن إعتقاد ويتوافق مع دين أباؤهم الملوك والرومان وهو (الإله ذو ؟؟؟؟؟؟) وهذا هو تعبير الكتب الكنيسة وهذا يعنى أن الأله له طبيعتين طبيعة (الله) ويعنى عندهم (الأب أو الأله الأب) وطبيعة أخرى للأله وهو (الأله الأبن) ويعنى عندهم المسيح ودب الخلاف و الإقتتال فعل الرومان بمخالبة فيهم الأفاعيل لحملهم على

ما يعتقدون من مسيحية وحملهم على أنها هى ماجاء بها المسيح وليس ماهم عليه من مسيحية مع أن أغلب الشعب المسيحى فى ناحية عقدية وهم من الناحية الأخرى وبلغ من إضهاد الرومانن اليهود ومن شعب مصر وباقى الديانات الأخرى للشعب المصر المسيحيون منهم نفاقاً وإرضاء للبطش الرومانى الذى يريد فرض مسيحيته هو وعى المسيحيون المخالفون فكانوا يلقون المسيحيون الموحدون إلى الوحوش المفترسة أو يحرقوهم أحياء وسمى ذلك بعد الشهداء وحرم كتب آريوس وأحرقت وقتل وحرق من يقول أن المسيح هو بنى الله وإيذاء أسرهم ودارت حرب ومقاومة أنتصر فيها (قطنين) الأمبراطور الرومانى ومن موافقة من قساوسة وهبان فصل الشعب المصرى على تلك العقيدة وهى الإله ذو الطبيعتين) وكان ينعت المصريون بالأقباط صفة إذدراء من الرومان وإستعلاء خاصة بعدما إنفصلت الكنيسة الكاثلوكية عن مصر ألى إتخذت الكنيسة الأرثوكية لها دين رسمى.

رابعاً : إستيطان القبائل العربية صحراء سناء وذلك قبل الفتح الإسلامى لمصر بحوالى خمسة مائة علام وقبل دخول المسيحية مصر بحوالى إلى ثلاثمائة عام وكان ذلك فى عصر قبل عصر الرومان حتى أصبحوا شريحة يخلع عليها أسم المصريون القدماء حيث وجودهم من ألفى عام وكذلك وجودهم يواكب عصر ماقبل الميلاد فى مصر لذلك هم جزء من الأمة المصرية القديمة وكذلك جزء من عرب السلبوم ومطروح .

خامساً : الفتح الإسلامى لمصر ودخول المسحين الجدد وتأسيس القومية الوطنية الأولى .

ذلك : لأن الأمة المصرية قبل ذلك التاريخ كانت لفيف من ثقافات وديانات وجنسيات لجنسية واحدة .

ثانيـاً : وإذا كانـت عناصـر القوميـة المصـرية القديمـة قـد أنهـارت وفقـدت أسـبابها وقوائمهابفناء أغلب المصريين مـع فرعون وإنهيار قوائم القوميـة بإنهيار الدولـة وإنهيار الأمة ، وبما أن القومية هى نتيجـة لمقدمـة تسمى عواملب القوميـة والأصل الثابت فيها ومصـدرها فـإن القوميـات التـى فرضـت علـى مصـر بسـبب الغـزوات والإحـتلالات سـواء المقدونيـة أو الفـرس أو اليونـان أو الرومـان أو البطالـة أةو غيـرهم كانـت قوميـات لهـا مقدمات لها عوامل ومصدر أصل تخص أوطانهم لذلك فلا تخص شعب مصر حيث أنهم ليس مقدمات لتلك النتـائج حيث لكل دولـة مستعمرة (أمـة ودين وثقافـة ومحيط جغرافـى ومفاهيم للغة) فكل هذا لا يخص المصريون فى شئ وعلى ذلك .

لذلك : لم يكن لمصر قبل الفتح الإسلاتمى قومية بالمعنى الإصطلاحى خاصة أن الرومان وضـع هـذا النمـوذج الشـعبى فـى مرتبـة العنصرية الشـعبية الـدنيا وألصق بهـم مصطلح الأقباط حيث أن أسم مصر هو مصر وكذلك معروف فى الأسماء ولم يكن لمصر إسم أخر سواء فى زمن الفراعين أو حتى فى كتابى أصل الكتاب العهد القديم أو الجديد إسم أخر غير مصر وكذلك فى أخر الكتب المنزلـة (القرآن الكريم) وهو المصحح للكتب السابقة والمبين لحقها من باطلها ونحو ذلـك فأسم مصر فـى القرأن الكريم مصر لـذلك ففـى علم الأسماء (محمد) مثلاً هو محمد سواء فى اللغة العربية أو الأنجليزية أو غيرها مما يدل على أن (إيجيبت) ليست أسم لدولة أسمها مصر ولكن كالعادة لم يلتفت فرسان العصر الحديث من إصحاب البطولات والثورات فـى مصر لمصر نفسـها كوطن وتـاريخ وحضـارة ولكن حشد أقصى حشد بتأصيل الخرافـة والجهل إستحاناً لحشود شعبية ولتمكين تلك الحشود والإنتهازيون ةوالخبثاء منهم بما يحملون من تراكمات خرافية وجهالات ثقافية من أحشاء تلك البلاد لكسب ووكروماً شعبياً يستطيع أن يوخى بها إعتقاده فى البطولة الزائفة ومصدقاها على تلك البطولة الذائفة هى بدايتها حشود ونهايتها هذا ثم ضياع للقومية .

لذلك : كان تأسيس القومية المصرية الإصطلاحية لتكون أول قومية إسلامية بالمعنى الذى تم شرحه فى الفصول السابقة هو بدخول الإسلام مصر ثم بدخول المصريون أفواجاً ليجد العنصر البشرى الذى وضع مفاهيمه الإسلام كأول قومية بمفهوم جديد وبمفهوم توحيد العنصر البشرى فى الإسلام توحد العنصر البشرى كأصل (بيولوجى) وهذا بحث يعكس عليه المؤلف (بحث تجريبى) ليوضح لوأن طائفة من الناس أعتنقت أو أشتركت مع بعضها البعض بأحوال الأسلام والإستسلام له بشكل بحث علمى وتطبيق عملى والمقصود هما الإيمان (إفراد الله بالوحدانية وبسط الألوهية لله وحده على الأرض وبين الناس وتحقيق مفهوم الألوهية وتعبيد الناس لذلك المفهوم وتطبيق ذلك المفهوم على جميع نواحى الحياة الإجتماعية وغيرها) .

يتم الميلاد الثاني للإنسان المذكور في أوائل البحث وبعض فصوله لتحقق بذلك ماهيته وتيسير هذه الماهية بين المخلوقات وبخروج هذه الماهية وتحقيقها يتولد من تلك الماهية مهارات البحث العلمي الذي خلقها الله تعالى وجعلها من ماهية الإنسان وجعل خروجها مرتبط بالميلاد الثاني للإنسان ليبرز نوع الخلق فيه والذي مازال يجهله حتى الآن فتارة يتصور أنه حيوان مفكر أو حيوان ناطق فتارة يتصور أنه مركب من المادة فقط وتارة من الروح فقط وتارة من المادة والروح ومثل ذلك مما هو مأخوذ من الفلسفة اليونانية القديمة والتي مازال أثارها على الناس عامة وعلى ؟؟؟؟؟ البلاد المفتوحة خاصة وتمثلها بلاد الجزيرة وليعرف الإنسان ربه وليعرف نفسه وليتضح له علاقة العبد بربه على وجه الحقيقة وسبب الخلق على سبيل الحقيقة ولمحاكاه الطبيعة واليضره عليها وبمحاكاة الإنسان للطبيعة بمهارات البحث العلمي يتوالد (المخلوق) ليصبح بالبلاد الناتجة (الإنسان).

ب- الأصول التاريخية للعنصر البشري بالقومية المصرية الإسلامية الأولى:

1- إن الأب الأعلى بعرب إسماعيل هو إسماعيل عليه السلامة وأنـه هي السيدة هاجر عليها السلام وهي مصرية أو أميرة مصرية لـذلك فإن الأم العليا لحرب الفاتحين أولاد إسماعيل هـي أميرة مصرية يعنـي الجد الأكبر لأم هو مصري وملك يعنـي هـم أحفاد المصريون القدماء من ناحية الأم بل وأمراء على تلك البلاد أيضاً.

2- إن إختلاط الشعب المصري قبل الإسلام صاحب الأصول المتعددة بالزواج والإسلام من المسلمين العرب جعل من ذلك الزواج والإسلام اختلاط جذري وتوحد للنصر البشري حيث المصري المسلم يتزوج من المسلمة العربية والعكس.

3- التبادل الاستيطاني الإسلامي حيث أن مصر أصبحت ولاية من ضمن عشرات الولايات الإسلامية في مساحة ثلثي الأرض فأصبح العنصر البشري الوصي لمصر هو الإسلام وهو العنصر الذي وضحه الإسلام وأتت لا تدري أن ذلك العنصر سوف يصحب معه عنصر الدم أو الوراثة بمرحلة والعنصر البيولوجي المذكور سابقاً مدخله أبديه ليتكون عنصر الإسلم كأخوه هو أبقى على وجهه الحقيقة وليس مرحلي أنه أثبت عليه الاجتماع وعلى رأسهم بن خلدون مؤسسة الأولى أن نسب الوراثة والدم يتغير بعد الأب الرابع حتى لا يكون لـه أثر بيولوجي في الأب السادس مثلاً وإذا طبق ذلك على البحوث التجريبية في العلوم لطبيعية لكانت موافقة ولكن بأبعاد مختلفة وبشروخ أخرى.

القومية الثانية بمصر

وهذه القومية المبشره بالزعامـة الدولية في المستقبل لما تملك بـه مصر مالا يملكـه أي قومية أو أي دولة حتى ولو كانت دوله إسلامية أو دولة أدبية.

<u>وهذه القومية تبدأ من العصر المغولي التتاري:</u>

وهذا العصر أنا أرى فيه نشأة استقلال القومية الوطنية المصرية بعد نضوجها التاريخي من ناحية ويدعم قوميتها بما أسفر عنه إحتلال التتار للبلاد الإسلامية من ناحية فبدأت مصر تتميز من أوجه عن غيرها:

الوجه الأول : هدم كل الدول الإسلامية خاصة وأوربية عامة وإنهيارها وإنهيار ما بها من حضارة عدا مصر.

الوجه الثانية : اجتماع العوامل والمقومات الحضارية في الدول الإسلامية المنكوبة وفرارها إلى مصر لتكون لها وطن حيث أن التتار غير خريطة العالم وهذه العوامل والمقومات في عناصر مثل :

أ‌- عناصر بشرية إسلامية وغير إسلامية.
ب‌- عناصر بشرية قديمة بالمسيحية هاربة لمصر، وقد سجل التاريخ أيضاً دخول أكثر من مائتي عائلة مسيحية غير مصرية عصر وأتجهدت في القومية المصرية الوطنية وفي العنصر البشري للشعب المصري حتى أصبح بمصر كنائس (يونانية) (بروستنتينية) و(إنجيلية) (وكاثولوكية) و(أرمن) بالإضافة لطوائف عدة كالطوائف المارونية وغيرها بالإضافة لكنيسة الأم (الأرثوذكسية) وللعلم إن نفوذ الكنيسة المصرية الأرثوذكسية في بلاد أن أفريقية وأوربية تمثل لمصر عمق قومي ونفوذ سياسي قومي.

ب‌- خلاصة العلماء والبحث العلمي في البلاد المنكوبة لمصر.

ج‌- خلاصة قوة الجيوش مد بقايا البلاد المنكوبة لدعم الفكر العربي المصري والقوة البشرية والنوعية فيه.

من هنا بدء تأسيس شكل جديد متطور للقومية المصرية الوطنية والذي زاد بها الدعم النوعي والدعم الحضاري والعنصر البشري هذا بالإضافة أن مصر بذلك أصبحت الدولة

ذات المقصد القومي وذلك بعد زوال كل الدول الإسلامية فإن مضر هي الدولة القومية الأم لهذا الشعب المصري لذلك فإن مصر من تاريخ هزيمة أقوى قوة عسكرية وتدميرية وأشجع قوة وأمة يعني المغولية التتارية أنه تحمل من الشجاعة والعنصرية الحربية والدهاء السياسي مما جعلها تحطم هذا الكم من الدول وحيوتها وأن تبيد حضارات وأن تضع شخصيتها أمه بهذا الشكل تحطمها العسكرية المصرية وتبيدها بل وتشتتها بل وتلاحقها بل وتطاردها القوة العسكرية المصرية فبذلك فإن مصر ممثلة في قوميتها الحديثة هي:

1- هي من حطم وأزال كابوس العالم.

2- من حررت العالم من إحتلال المغول فهي من استرد للعالم دولة وأرضه فتكون مصر بذلك ذات فضل على العالم الأوربي والإسلامي.

3- تعتبر مصر هي أقدم أمه وأول قومية هذا إذا اعتبرنا التتار هو التقويم العالم لعالم انتها وبدأ من جديد على يد القومية المصرية.

4- إن مصر كان منتظر منها تفعيل تلك القومية وفهم مخزاها لتأسيس حضارة جديد للبحث العلمي تأخذ منه السبق الأوروبي قبل عصر النهضة فتكون مصر هي من أسس لمصر نهضة بشكل أعظم وذو قدره فاعله وأوجه مختلفة ولكننا لم نفهم هذا الدور وهذه القومية الجديدة وأن مصر تأسس بها أعظم جيش في التاريخ الحديث خرج من هذه القومية ولتحكم إن إسلام المهزومين من التتار وتكوين بلاد إسلامية جديدة كان ليقيهم إن الذي يعمل عمل كالذي عمله المصريون من هزيمة التتار هو عمل يقارب تحقيق المستحيل (أيمكن أن يكون بسبب القومية الإسلامية الجديدة بمصر هو إعجازه وقهر هذا الدين وبسبب (وإسلاماه) يعني ينعي الإسلام يعني الحقوا ضياع الإسلام كانت مصر العظيمة التي عرف شعبها المتمثل في جيشه المكون من جميع طبقات شعبه عرف مسئولية دينه المنتج لقوميته مصدر لشجاعته وتأيد ربه ومصدر حفظ بلده إن أراد حفظها بتلك القومية.

وكان من نتائج تلك القومية أيضاً :

أولاً : على مستوى الأمن القومي المصري :

أ- إن مصر بقيادة سيف الدين قطز قد حررت من الممالك التي احتلها الصليبيون أصعبها.

ب- في عصر (الظاهر بيبرس) قامت مصر بعشرات الغزوات حررت لوحدها أغلب الممالك والولايات بعد اغتصاب الصليبيين لها وقد كانت معظم الغزوات في رمضان حتى أنها قاربت السبعون.

ج- حررت مصر مدينة (انطاكيا) بعد احتلال مائتي عام.

د- امتدت الحدود المصرية وضمت الشام والحجاز بالإضافة لحدود مصر الجغرافيا وكذلك من ضمن ذلك غزوة بيت لحم كانتا من ضن الحدود الشرقية لدولة مصر الفرعونية فتكون حدود مصر الطبيعية هي مصر العليا من ضمنها السودان كما سبق وشرح البحث ومصر الوسطى ومصر السفلى من ضمنها غزة بيت لحم ضم الظاهر بيبرس الشام والحجاز فأصبحت مصر أمبراطورية عظمى قبل ظهور الدول العظمى المعاصره وكانت سواحل البحر الأحمر والمتوسط تحت النفوذ المصري.

ثانياً: على مستوى البحث العلمي :

لم يكن لمصر أمن قومي وجيش بهذا الشكل وهذا الإنجاز إلا أن يكون إفراز لأمه وقومية يعبر عنها حيث أن الجيش هو الوجه الأول لشعب هو وجه الثاني فالجيش في القومية الوطنية المصرية وقتها هو الشعب ولكن في زي عسكري والشعب هو والجيش في زي مدني والجميع شعب واحد متعدد الأدوار كما أن الجيش هو إنجاز شعبي على أصل قومي فإن الجيش هو.

أ- معدات.

ب- وحدة تدريب.

ج‑ أهداف تكتيكية.

د‑ أجهزة ؟؟؟؟؟؟ بالتكنولوجيا الحديثة.

هـ‑ توجيهه وإدارة.

و‑ أفراد

كل ذلك كان الشعب يتبادل فيه الأدوار فهي دولة واحدة لشعب واحد لأمه واحدة لقومية واحدة فالجيش هو الشعب في ذاته والشعب هو الجيش لحماية قوميته وبلاده.

فـصل

مـدخـل لـمفـاهـيم الـحضارة

الحضارة

ذكر إن الإنسان مدني بطبعه هذا مما جاءنا عن فلاسفة الاجتماع ونحوهم والحقيقة إن الإنسان ليس مدني أو حضاري بطبعه ولكنه بدائي يسعى نحو المدنية نحو الحضارة ما أنه مخلوق ناقص يسعى نحو الكمال، الحقيقة التي لا يكتمل لنا إدراكها إلا قبل الموت بشيء فليل وهؤلاء هم أصحاب الحظ السعيد أما الأغلب فلا يدركون شيء ولا يكتمل لديهم شيء ذلك لعدم استطاعتهم الميلاد الثاني، الهدف من الخلق، الهدف من الحياة، الهدف من الإنسان، وعلى ذلك يكون للإنسان أصل مكتشف على ضوءه يتصرف الإنسان وليس المخلوق يتصرف أنه صاحب قضية ورسالة قضية فشل ونجاح، ورسالة لم تكتمل بعد وهذه القضية وهذه الرسالة لمن ولد الميلاد الثاني، اختبر الحسن قبل الإنسان ففشل الجيش والسؤال هنا هل نجح الإنسان؟!! بعدما قرب العالم على النهاية، نهاية العالم السؤال المجر هل نجح الإنسان في المهمة والقضية والرسالة أم فشل كما فشل سلفة؟!.

الحضارة

الحضارة في اللغة: الإقامة في الحضر، والحضر والحاضره خلاف البادية وهي التباين بين القرى والمدن كيف بذلك لأن أهلها حضروا الأمصار وأقاموا بها وقد ذكر بن خلدون في مقدمته عن الحضارة تعريف أنها أحوال عادية زائدة على الضروري من أحوال العمران زيادة تتفاوت الدفة وتفاوت الأمم في القلة والكثرة تفاوت غير منحصر وذلك تجد تعريف بن خلدون تعريف ساذج سطحي لا يتضيع الوصول لماهية وحقيقة الحضارة ولكنه اختلط عليه الأمر فقد عبر عن الحضارة بأحد مظاهر الحضارة وهي إحدى نتائجها.

الحضارات المحورية في التاريخ

الحقيقة إن الحضارات المحورية والتي قام على اكتافها الترجمة الوجودية والبرجماتية للإنسان بمختلف الوجوه:

1- حضارة محاكاة وضروة معيشية وتقليد.

2- حضارة إبداع مشوشة.

3- حضارة إبداع وابتكار وتواجد.

4- حضارة تحصيل.

أولاً: حضارة بنيت على محاكاه الطبيعة والتبادل المهني بظروف معيشية وتلك الحضارة مثل الحضارة المصرية القديمة وكذلك الحضارة السومادية والتي يعدها المؤرخون والباحثون المحاصرون وغيرهم من أم الحضارات القديمة والتي هي أصل للحضارة الأشورية والبابلية ويزعم المؤرخون والأثاريون أنهم جاءو من موطن الإنسان الأول (أفريقيا) ومثلما نزح السوساريون كما يذكر من أفريقيا وكذلك نزح من نزح إلى ما يسمى الشام وبالتالي الفانيل التي سكنت وادي النيل (مصر) وهم المصريون القدماء وبالرغم من تخريف بعض علماء الأثار والانثروبيولوجي (في قضية أصول الإنسان، حيث يرجع اعتقادرهم إلى أن الإسان من أصل قرد وذلك التخريف يجول من نظرية أصل الأنواع مصدر لإكتشافاتهم وضوء تفسير تلك الاكتشافات).

فقد ذكر (مارك برجيه) هو مدير سابق لمعهد الدراسات العربية والإسلامية في جامعة (بوردون) وكان يعمل ملحق ثقافي بسفارة فرنسا بمصر إن الحضارة الإنسانية انطلقت من الحضارة السومادية هي أرض بين دجلة والفرات (بالأمة) وذلك وفقاً لدراسات العلماء وأبحاث عديدة وذلك في القرن العاشر قبل الميلاد بالهند والألف الثالث قبل الميلاد بالصين ويذكر أن التحول من الحياه العادية للحياه المتضمنه هو (الزراعة) وكثافة السكان وتهجين العديد من الحيوانات كالجدي والحمل والثور ونحو ذلك ويزعمون أن السوماديون اكتشفوا الرياضيات وأجبرو بعض المعادن والقانون والكتابة و(الميثولوجيا) أي ما يتعلق بأصول العالم وأولى تحليلات الكون مع أن الحضارة المصرية والحضارات الأخرى (الشرقية) كالهند والصين قد حدث لهم مثل تلك الاكتشافات ومع ذلك:

1- أن كل ما ذكر ما هو إلا اكتشافات ارتجالية بديهية مرسلة إن صح التعبير وذلك للاحتياج الضروري للحياة ولم يكن لديهم أدنى فكرة عن النواحي العقلية أو التحليلية البحته فيما وجدوا أو اكتشفوا لمعايشتهم ورغم إرجاع بعض الباحثين إلى أن أولى مجتمع يستحق لقب حضارة هم (السومريون) وذلك في بحر الألف الرابع قبل الميلاد وذلك للمرحلة المتقدمة التي بلغها ذلك الشعب فإن تلك الحضارات لم يرقى ذهنها إلى تقنين تلك المعارف فإن المعارف الطبيعية متاحة للجميع ليتدبر الناس والشعوب أمور يتهم بها ولكن لم يتمكن تلك المعارف من الارتقاء بعقل تلك الشعوب ولم تتضح تلك الشعوب أن تقنن تلك العلوم والمعارف وتحمل منها قواعد وقوانين وأصول ولم تستطيع تلك الشعوب أمر تتبع منهج للبحث العلمي وكما يقال أن العبقرية (هي جميع شتات الواقع وجعل منه ما يعجز عن تقليده أو فعله غيره، فإن الوصول للعبقرية يتطلب ذكاء افتراقي، ذكاء تهجمي والقدرة على الخيال المتألف من خيوط يحملها عقل تجميعي) وهذا لم يتوفر في تلك المجتمعات فتجد أعمال شديدة التعقيد كامل الهرم في مصر وبرج أدر عند السومارية (هو برج شبيهه للهرم الأكبر) فإن الهرم من الأول هو الدخل للملك المتعالي عن الشعب والثاني للتصور الأبله عندهم فإنهم يتصورون في معتقدهم الوصول بذلك إلى السماء.

2- رغم بدائية تلك الشعوب في نواحي ألا الزراعة والري ونحو ذلك من المعايش الأخرى والضحالة الفكرية والسذاجة العقائدية حيث التشابه حتى في تعدد الألهة المزعومة كما هو التشابه في حضاراتهم الارتجالية ويذكر ذلك حادثة موسى عليه السلام والفرعون حيث ذكر القرآن الكريم أن الفرعون الفريق أمر وزيره (هامان) أن بنى له صرحاً ليبلغ به السماء حتى يكذب موسى عليه السلام في دعواه، تجد بناء مصاطب تدريجيه ترتفع إلى صوب السماء في شكل برج ضخم مهيب للتطلع إلى السماء حيث أنهم يعتقدون أن كبير الألهة عندهم في السماء فتأمل إيهما من الحفاريتن أثر على الأخر في ذلك المعتقد هل كان السوماريون فأصبحت ؟؟؟؟ في مصر اعتقد فرعون مع موسى على العلم أن الشعب المصري القديم كان يشعب يميل للهلاك للبحث العلمي أو التفكير العقلي المقتن هذا ما ذكره الباحثون

والمؤرخون أم أن فكرة لبرج السوماري مأخوذه من الإضافة الهرمية بمصر والتي تحدث بها فرعون المهم هو التشابه الحضاري والفكري في إنشاء التجمعات السكانية الأولى ولا ضير ولا غضاضة أن تساعد الشعوب بعهضا أو أن يستعين الشعوب بأفكار بعضهم البعض فتلك سمات الحضارات شئنا أو أبينا.

الحضارة الثانية:

وهي الحضارة اليونانية برغم من أنها أب للحضارة الرومانية في كثير من الأركان وأثرت وتأثرت بالحضارة المصرية في بعض الأشياء إلا أنها حضارة مشوشه التفكير رغم أنها أول حركة بحث علمي حقيقي في التاريخ وأنها أي الحضارة اليونايية على حد قول المؤرخون وفلاسفة العلم الحديث أنها أول حضارة عقلية في التاريخ وبرغم من ذلك فلم تقدم للعالم حقائق كاملة عن الأشياء بل والحقائق التي قدمها ينقص بعضها للبحث للوقوف على أبرزها ومنها من يفتقد للقوانين التجرييبة الصحيحة بل وكلها قد خلا منها المنهج التجريبي الذي يكشف عنها وعن ذاتها ويقتن نتائجها ويضعها في شكل تطبيقي وكان السبب المباشر هو:

1- العقائد الخرافية التي كان لها التأثير على العقل اليوناني وأبعاده المعرفية والعملية.
2- يحتاج البحث العلمي إلى مقدمات وعلى قدر المقدمات تكون صحة النتائج وأحالتها في الحضارة اليونانية كانت المقدمات غيبية يملكها في تصورهم (الميتافزيقا) تصور خرافي نسجه خيالهم منذ عهود على شكل ألفه ابتدعوها.
3- الافتقار التقني، حيث أن الاختراع التقني متوقف على القانون والنظرية على تأصيل للبحث العلمي وحيث أن المنهج غير موجود وأن بالتالي القوانين العلمية والبحثية والنظريات مشوشة فإنه بالتالي لا تقنية والحقيقة إن التصور الخرافي للاعتقاد في الحضارات والشعوب مثل مصر والسومارويا تولد منها من شعوب حضارية هو السبب المباشر في:

1- الضعف الذهني الي أصاب المصريون القدماء وكذلك الحضارة السومارية حيث أن الخوف الهلامي من اعتقادات وهمية خرافية ينتجها نفس العقل المفروض أن ينتج بحث علمي فإن ذلك العقل لا ينتج إلا التقليد والمحاكاه للحيلةله دون العيش فقط والتسليه إلى قوة كانت بشرية أو غيبية.

2- إن المقدمات (الميتافزيقا) وهو عالم ما وراء الطبيعة المرئية والذي كان ينطلق فيه الفلاسفة الطبيعيين بخيالهم ليضع كل واحد منهم مقدماه تفسيرية لذلك الكون (التفسير إما منطقي على أساس بحث علمي مقنن وإنما تصورات هلاليه) من عقول متأثره اعتقادياً بتلك الخرافة في هؤلاء المزعومين بالألهه والتي ابتدعها عقولهم وتراثهم وأباؤهم كانت مقدمات لحضاره مشوشة كما ذكرنا نتائج رغم استفادة الحضارات منها.

حضارة البحث العلمي الأولى

وهي الحضارة الذي أسسها الإسلام وقبل العلاك بإيجاز عن تلك الحضارة يجب أن تعلم (إن الدين هو الرؤيا الصحيحة للدنيا وإصلاح الدنيا فيه على رؤية الدين الصحيحة، فإذا كا الدين لا يجوز فيه البدعه لكونه يرى الدنيا برؤية صحيحة فإن البدعة في الدين تجعله يرى الدنيا برؤية هلالية ضبابية لتنعكس هذه الرؤية الدينية على الدين نفسه من قبل الناس برؤيا غير صحيحة للدين فيكون الناس إما مصلحين للدين بمزيد من البدع وإنما أن يستبدل الناس ذلك الدين بدين وضعي) وعلى ذلك أسس الإسلام أول وأعظم حضارة بحث علمي في التاريخ وجوده الحضارة وتأسيس ما فيها يرجع لتأثير المسلمون بالإسلام دفهمهم الصحيح له وأول هذه التأسيسات هي إنشاء القومية الوطنية الإسلامية للمسلمون وغيرهم وبأبناء المسلمون وبغيرهم من أصحاب القومية الوطنية الإسلامية كما سبق شرحة.

فكان حضارة البحث العلمي في القومية الإسلامية لها ركيزه واحده هي التي جعلت منهم من رعاع إلى أصحاب مدنية ومن شعب همجي سواء ممن أسلم من العرب أو غيرهم إلى

شعب واحد ذا حضارة ومن شعب أصحاب خرافة عقائدية وتاريخية سواء المسلمون العرب أو مسلمون غيرهم إلى شعب يؤسس قوانين بحث علمي تحارب تلك الخرافة للمسلمين مره أخرى من خرافة العصبية وخرافة الاعتقاد وخرافة التاريخ والضياع القومي الوطنية إلا بتركهم لها ألا وهي:

الأوصول العامة للمفاهيم العقائدية التي جاء بها النبي محمد صلى الله عليه وسلم والتي نمها على سبيل المثال لا الحصر:

أولاً : إفراد الله بالوحدانية في الوهيته وربوبيته سبحانه.

ثانياً : الهدف الميلاد الثاني السابق ذكره وعن طريق :

1- يتحقق للإنسان ماهيته ويتحول من مخلوق إلى تحوله للإنسان وبه يعرف نفسه على وجه الحقيقة عن طريق ميلاد وتفتق اصول البحث العلمي الكامنه لديه والمحققه لوجوده وميلاده فيعرف ما يكون به الإله إنه ويكون به العبد عبد وعلاقة العبد بالأنه أحق وعلاقة الإله أحق بالعبد.

2- محاكاة الإنسان المولود للطبيعة فيرى الطبيعة على وجه الحقيقة بعدما تحقق له ذلك بالميلاد الثاني وعلاقته بالطبيعة ومعانته منها والهدف من تلك الروابط حيث أنه جزء منها.

3- معرة الكون والطبيعة لإمكانية بسط الألوهية لله وحده على الأرض وتحقيق الألوهية بين الناس والمخلوقات وإخضاعها لله وحده.

4- إن قرارات البحث العلمي الجزء المعبر والمكون والمميز للإنسان في التركيبه الإنسانية التي لا ينفك منها جزء. ووضع أصول ثابته ومتغيره لقواعد ومفاهيم للبحث العلمي يزيد ويقل وحذفها وتأثيرها بوضوح وقوة وضعف وعناصر الميلاد الثاني وتجوله يعني كان من الممكن أن تكون الحضارة الإسلامية الأولى أفضل من ذلك ولكنه لم يحدث الأفضل وكان يمكن أن تكون هذه الحضارة هي الأن

الحضارة الأوربية كما قال علماء النهضة الأوروبيون وكأنه لم يحدث وسط دهشه للوسط العلمي الأوروبي.

وعلى ذلك : استطاعت الحضارة الإسلامية الأولى معالجة القصور في الحضارة اليونانية ووضعها على الطريقة الصحيح وإخراجه منها أفضل ماضيها.

ثانياً: استطاعت الحضارة الإسلامية تأسيس مناهج للبحث العلمي منها ما هو أرهاصات للحضارة الأوربية ومنها ما هو تطبيقي مقنن ومنها ما هو ارتجالي بغير تقنين.

ثالثاً: قدمت الحضارة الإسلامية الجديد والمبتكر للعالم بأسره من حقائق العلوم الجديدة وأوضحت رؤية العالم بعدما كانت الرؤيا مشوشة ومظلمة.

رابعاً: وضعت الأساس لمفاهيم حضارة جديدة أكثر تقدماً.

حضارة الأذكياء

وأعني بها الحضارة الأوربية وأسمها بالأذكياء للأتي:

1- أنها استطاعت من طول عصور الظلام النهوض وواجهة مفاهمي الظلام بشجاعة.
2- استطاعت هذه الحضارة عن طريق القائمين عليها أن يأخذوا ما في الحضارة الإسلامية من مفاهيم وارهاصات فكرية واستطاعوا تطويرها لشكل مذهل (هذا شأن كل الحضارات).
3- استطاعت أن تضع المنهج التجريبي بعدما رأت كيف أن الحضارة الإسلامية قامت بثورة على الخرافات العقائدية في الحضارات السابقة والتي كانت عقبة في الفهم الحقيقي للبحث العلمي واستطاعت بالشكل العملي وضع منهج الواقعية والموضوعية بعدما حلت المفاهيم العقائدية الإسلامية محل تلك الخرافات واستفادت الحضارة الأوروبية من ذلك في:

1- مواجهتها لخرافات الكنيسة العقائدية والعلمية.

2- تأسيس فرنسيس ليكون المنهج التجريبي التي قامت عليه الحضارة الأوربية.

ومن مميزات الحضارة الأوربية والأمريكية:

1- أن أصحاب القرار فيها للبحث العلمي ورجاله من البحث التكوين النظري والتطبيقي الهام للمجتمع وأن الساسه هم المسئولون عن بقاء هذا النظام من سلبيات الحضارة الأوربية:

أ- أنها نتائجها متاحة للساسة أصحاب تلك الحضارة لتكون أداه قهر وخلال استعباد للشعوب أخرى فمعلوم القهر ولكن الضلال أنها تفرع نتائج الحضارة من محتواها الحقيقي قبل أن تمنحه للشعوب الأخرى لتضمن لنفسها التفوق فيباح التعليم بشكله وليس بحقيقته وكذلك النواحي الطبية والعلمية.

ب- إخراج الشعوب من قوميتها وإن كانت مفاهيمها التي يراها الناس متخلفة لقومية استعمارية (المخ).

ج- إلباس الشعوب نتائج تقنية بغير مقدمات صنعوها أو وضعوها فتكون شعوب العالم الثالث أشبه بسكان الكهوف التي تلهو ببعض التقنيات الحديثة مما يعود عليها بالسلبيات.

د- جعل العالم الثالث سوق استهلاكي ومنعه عن الإنتاج حيث وضعه قهراً في هذا المربع حيث وفره الإنتاج الحضاري.

هـ- قهر واستعباد الشعوب بالشكل الذي وضعه البحث في أوله ووسطه فأرجوا المراجعة.

وعلى ذلك : يتبين لك عظمة الحضارة الإسلامية والتي هدفها:

1- إخراج العباد من عبادة العباد إلى عبادة رب العباد وإلى تحريرهم.

2- إخراج الناس للميلاد الثاني السابق ذكره وإقرار البحث العلمي كالهيكل ونظام الحياة الناس في جميع نواحي الحياة وجعل البحث العلمي في هدمه العالم دون قهر أو استعباد.

3- تطبيق حالة المساواة على وجه الحقيقة ومبدأ الأخوة الإنسانية.

وعموماً: هذه لمحات وليس موضوع بسط الحقائق.

فـصل

كلنا فاشلون

هناك حكمه قد قاله فيلسوف الحكمة تقول (ما أقرب أن أكون سليماً والكون كله معتل) والحقيقة إن الفيلسوف ما قصد سوى كثرة ما يرى من سوؤ والحقيقة إن القضية ليست في الفشل ذاته ولكن القضية في كيفية صناعة الفشل حيث أن الفشل والنجاح بات عند البعض لا يعدوا مصطلح (الأنا) يعني عندما تصل النفس الحد الأقصى من التفاهة والسطحية والجهل يحدث عندها نوع من الكبر هذا النوع يجعل من صاحبه في احلة من الغرور يتولد عندها كما يقول علماء النفس عقدة نفسية تسمى (الدونية) وصاحب هذه العقدة يرى غيره من الناس المميز منهم فيتحاءل في نفسه حتى يذوب ويرفض ذلك التضاؤل فيحدث عنده حالة رد فعل بأن يفهم الذات عنده فلا يرى نفسه إلا الأفضل إذا كانت هناك مفاضلة ألا يرى نفسه سوى في النجاح إذا كان هناك امتحان أو موقف أو نحو ذلك مما يتطلب النجاح أو الفشل حتى يصل به الأمر أن يتصور أنه صاحب قضية عامل هو القضية فنجاحه نجاحها وفشله هو يعني فشل القضية مع الأسف فإن هذه الصفة كان يصاب بها بعض الشعوب القديمة فيصاب ببعض منها مثل التعالي والعنصرية بينه وبين الشعوب مثل ما أصاب اليونانيون والمصريون القدماء وغيرهم من الشعوب الآخرى وسبب ذلك إن بعض تلك الشعوب إما بلغ بها الأجر فإنها لا تصلح إلا للمحاكاه والعمل اليدوي فقط مثل المصريون القدماء مثلما قال فلاسفة ومؤرخو العلم وإما شعب يرى أنه الأفضل بما يراه هو من إنجاز حضاري مقنن ومجمع ونحو ذلك وهو لا يرى مقياس غيره للنجاح والفشل يتصاب بتصور أنه سيد على الشعوب ويتعالى عليهم ومثلما حدث مع المانيا وهتلر ومع بعض الشعوب الحديثة في شؤنها نفسها مقارنة بغيرها من شعوب العالم الثالث وكانت الحروب لترجح جنس أرقى على جنس أدنى واستئجار البعض بحضاره وتقدم علماً دون غيرهم ومحاولات التسيد واستعباد الأخر ولكن في الحضارة الإسلامية قال بعض علماء المملكة المتحدة إن الإسلام قضى على جميع أنواع العبودية والعنصرية وجعل أفوه الإسلام هي الأساس ثم جعل الناس أخوه لأدم وغير ذلك ذكر

فيلسوف أوياده بوتاردشو (إن محمد صلى الله عليه وسلم) قادر على حل مشاكل العالم قبل أن يفرغ من تناول فنجان قهوة.

وذكر الفيلسوف : (محمد إقبال) إن ثورة الإسلام التي اجتاحت العالم في 80 عام فقط لو لم تكن ثقافة وتشكيل للوجدان وإنشاء لأمه جديدة على قليم وأسس للتوحيد والقضاء على همجية سكان الصحراء وإنتماءاتهم التي لا معنى لها.

ولكن الذي أصاب (المسخ) في بلادنا قد وصل الذروة عماة ذكرنا فإن الجماعات الإسلامية وعلى رأسها الإخوان المسلمون تهرول للدخول تحت عباءة الحزب الوطني (مبارك) سياسياً إما بالدخول للحزب الوطني نفسه كما فعل (اللفيون) وإما بمحاولة تقاسم ؟؟؟ أو حتى بقايا ما يلقيه الحزب الحاكم لهم وليس لحبه لهم ولكن لكي يفعل سياسة توجيهية تلقاها من الخارج ليحقق بتوجيههم الديمقراطية ولكن بسيادة الحزب الحاكم ويتحكم منه وقد عانيت أنا وكثراً أو قليل مثلاً من ذلك جيدة قاومنا التسابق مع الجماعات الإسلامية لأسلحة حكم مبارك واسلحة نظام حكم ومحاربه أهل الإسلام إما بتطوع بعضهم ليكون جندي مرشد مبلغ عن من يتأمر أو ينتقد أو أن لا يسلم لمبارك ودينه وحزبه بتعاون مع أجهزة الأمن للقضاء عليهم ومحاربتهم والحقيقة إن ذلك كان واضح سواء بالمبادرات أو المراجعات أو إعلان دين الجماعة الجديد أو بدهول مضمار واضح سواء بالمبادرات أو المراجعات أو إعلان دين الجماعة الجديد أو بدخول مضمار المنافسه مع الإخوان المسلمن لعل ينال الجماعة الإسلامية ما قال السلفويون والإخوان من منافع لمعايشهم وتحسين مراكزهم والحقيقة إن الشعوب في بلادنا لها الله فمن أين تأخذ دينها من مؤسسة دينية أصبحت بالشكل الرسمي (كهنوت ورجال دين يقدم دين الأحزاب القومية ويقف في الصف مع من يتسابق ضد القومية الوطنية الإسلامية التاريخية) رغم جهود علماء من الأزهر وليس الأزهر في زمن (مبارك) لحماية القومية الوطنية والحقيقة أيضاً أن الأزهر كمؤسسة قبل زمن (مبارك) كان له جهود أيام جمال عبد الناصر في

تقديم مشروع لتطبيق الشريعة الإسلامية وتقنينها (مجرد محاولة) لم تكتب لها النجاح لأسباب إقامة القومية الشيوعية بدلاً للقومية الوطنية الإسلامية فهل نجحت القومية الشيوعية أم أنها فشلت وفشل أصحابها وتحول منافقي الأزهر لتأصيل واسلحة حكم الشيوعية بشكل مدهش فهل نجح منافقي الأزهر لتأصيل القومية الشيوعية والصد عن القومية الوطنية وبذل الأزهر جهود مع (السادات) في نظام حكمه وتقدم لتقنين الشريعة وبالفعل قننت الشريعة وذهبت إلى المخازن مجلس الشعب في زمن (مبارك) ثم نلوم على الشعب كيف أنه لا يعلم حقيقة ما جاء به النبي محمد صلى الله عليه وسلم لقد عانى الشعب منذ عهود قديمه في اللعب بالدين لمصلحة السياسة وكان ذلك على حساب حقيقة الدين وعلى حساب حقيقة إسلام الناس ومصداقاً لما أقول ملك ثلاث صور للجماعات الإسلامية جميعاً كما ذكر البحث في زمن مبارك وقبله السادات ثم الثورة (25 يناير) ثم في حكم (مرسي) ذلك ليتبين لك (المرض النفسي الذي ذكرت من قبل فأرجو أن يكون في ذهنك) فالصورة الأولى أيام السادات:

1- اجتهادات شخصية في الدين أي اعتماد المرء على ذاته وزميله في الفهم من القراءة أي بلا أكاديمية بلا مرجعية مقننه كأي دراسة ولكن المرجع والفهم والأكاديمية هو الشخص ذاته وفهمه.
2- فعل السادات للإسلام ما لم يفعلوا وقد عرقلوا المشروع الإسلامي لإقامة دولة إسلامية يرأسها السادات وتوجد رأيا مع الشيوعيون والعلمانيون من تأول أقوال وأفعال السادات مع إن أفعاله أفعال رسمية سواء في محاولة أسلمه الدستور أو أسلمة المؤسسات أو إصدار قوانين لتقنين الشريعة بدل القوانين الوضعية أو نحو ذلك.
3- وبالرغم محاولات السادات يطلب العون من الجماعات لتكون أداة فعليه لأسلمة المجتمع سواء بالدعوة أو بالقوة أو بالتأيد أو نحو ذلك.

(اعتبرت الجماعات ورأت في نفسها ما ذكرت من تضخم الذات) وبفعل عقلها في الشريعة الإسلامية ومفاهيم العقائد الإسلامية الذي مازال يحبوا وكما قال عالم اللغة العربية التي ذكر في زمن الدولة الأموية عندما رأى ما جعله الناس عالم وما رأي منه سوى الجهل قال له (لقد تذببت قبل أن تنحصر ما أي أصبحت ؟؟؟؟؟؟؟) أي أصبحت عالم قبل بلوغك مرحلة التلمذه وعلى ذلك كان فتوى كفر السادات وإراقة دمه في يوم (النصر).

4- الرجوع إلى حقيقة الأمر وضياع الفرصة ولكن لمن حمل لإقامة الدولة الإسلامية أم لرؤيتهم أنهم هم الدولة الإسلامية؟! وكات الفتوى الجديدة (أن السادات مات شهيد) وكان ذلك في كتاب رئيس الجماعة كرم زهري مما جعلني وأنا في معتقل العقرب عام 95 وعندما كنت مازلت طالب أفكر واتساءل رغم أن أجهزة الأمن رأت في بعض الناس وأنا واحد منهم ما لم نراه في انفسنا رأت أني في بعض أخر أننا (جهاد) ثم اصبحت نفسها وأرجت عني ثم رأت أنها قد وجدت أني من علماء الجهاد التجريبيين الذي واجب عليها تطبيق (مكافحة الإرهاب عليه لمنعه من الوصول لما يريد من علم تجريبي) ورأت أنها بذلك تارة وتارة أخرى بالاعتقال المتقطع وتارة أخرى مصادرة ما أفعل من فكر أو علوم وفي زمن مبارك والمراجعات أسلموا حكم مبارك بنفاق عقائدي عجيب إسلام الكفراليين في الحكم أو الأنظمة أو حتى العقائد بل وذهبوا إلى التسابق في ذلك الكيان الجديد مسخريين له الغالي والرخيص مثلما ذكرت من العمل كمرشدين (اتهمت في بعض القضايا وكان بعض من أفراد الجماعة الإسلامية شهود جندي ولكن الله نصرني اعتقلت فقط من الخارج وكان اعتقالي بالداخل فترات متابعة ثم أفرج عني) أو من العمل كتفعيل إيمان النظام وهم والمشاركة الفعالة في دينهم الجديد وأين الإسلام هذا الإسلام هو ما يراه الجماعة الإسلامية والإخوان والسلفيون على جميع انتماءاتهم الكثير من عقيدة خرافية.

رغم : أنه في أوائل التسعينات مع الجماعة الإسلامية وفي أواخر التسعينات وأوائل الألفينات بغير الجماعة الإسلامية والإخوان كان هناك من يقف بقوة متصدي النظام

بأكمله في عز قوته وقت ما كان النظام يشكل من الحاجز النفس والخوفي للناس ما لم يكشله التتار مع شعب العراق حيث أنه كان من خوف الشعب العراقي من التتار حيث الإحتلال وقتها أنه إذا وجد جندي مغولي واحد بغير سلاح مجموعة عراقيين أمرهم بالثبات حتى يدخل البيت يأتي بسيف ليقطع رقابهم وقد كان فقد بلغ الناس من الرعب والخوف أن الثبات الانفعالي لديهم يذوب وفي المقابل كانت أجهزة أمن النظام قبل الأوامر بهمر المعتقلات في أواخر التسعينات وإحلال السجون للإعتقال مكانها وبالمناسبة إن المعتقلات لم تبني إلى للجماعة الإسلامية والجهاد فقط !!! وكذلك بروتوكولات الاعتقال لم ولن تكون إلا للجماعة الإسلامة والجهاد فقط كما ذكرت بالبحث سابقاً ولا داعي للإعارة ورغم قوة النظام في عسكريته وشرطته وأجهزة الأمنية ورغم السماح لقتل المعتقلين بالمشتملات والعمل على أذيتهم بمختلف أصناف التعذيب المأوى والنفس المعنوي ونحو ذلك ورغم البطش وأجهزة مكافحة الإرهاب وضياع المستقبل وضياع الأسر فقد واجهة من واجهة بقوة وعزم ورغم الاعتماد الدولي للتطابع وتكاتف جميع الأجهزة الأمنية بالداخل والخارج انتصر من قاوم من تلك الجماعة الإسلامية والجهاد في التسعينات للحفاظ على هوية الوطن وعلى قوميته متحدين كل ما ذكرت فلا شك وأنها.

البطولة المؤيدة من الله سبحانه وبراءة الجماعة الإسلامية والجهاد وقتها من الإرهاب أو التطرف وقد كان ضربهم في أجهزة الأمن وقتها للدفاع عن النفس والدفاع عن قومية هذا الوطن وقد تبرأت الجماعة والجهاد من الحماقات والسلبيات ورغم إني لم اشترك مع أحد ولم أطلق طلقه واحده ضد أحد فكنت أأسف لسماع أي تفجير أو ما شابه ذلك وأحزن لتلويث الهدف النبيل بأهداف أخرى تعد من عصبيان الجاهلية المزمومة والتي تنم عن قصور في العقائد وكان نصر لأصحاب فكرة القومية الاستعارية الوطنية من العلمانيون ونحوهم من المسخ وأنا لا أدري أن الجماعة الإسلامية والجهاد إلا المتبرؤن منهم قد طالهم المسخ بل إن المسخ كان بداخل عقيدة تلك الجماعتان فكانوا ذراع جديرة للعلمانية

والديمقراطية أما من أي الطوابق السليم فقد رأي التعلم والحلم والعزلة بعيد عن تلك الشبهات وأصحاب الفتن.

وأنا أرجع كل ما فعله (المسخ) سواء المسخ العلماني أو مسخ الجماعات والأخوات إلى الجهل الحقيقي بحقيقة ما جاء به النبي محمد صلي الله عليه وسلم كما إني أرى أنه من المستحيل أن يروا ما جاء به النبي صلى الله عليه وسلم وذلك لوقوعهم في المرض النفس السابق ذكره ومما يؤكد قولي أيضاً ما حدث أثناء الثورة 25 يناير وبعدنا ومع مرسي فهم من فتنة إلى أخرى ومن جهل إلى أخر ومن مرض إلى أخر يتسابقون مع إخوانهم في العلمانية والديمقراطية ولكن علمانية يرونها هم طبقاً للمرض المذكور إسلام.

أما : ما صنعهم نظام مبارك من علمانيون وديمقراطيون سواء من جماعات سياسية علمانية ديمقراطية أمثال (حركة كفاية وحركة تغير وما هي على شاكلتهم) وكذلك ما صنعه مبارك صناعة موجه لشباب الديمقراطية، وسوف يغضب مني الجميع ولكن الفكر الأمريكي الموجه أقوى من عقولهم فقد استطاعت أجهزة أمريكا الخاصة وبعلم النظام المباركي ومن يقرأ تلك السطور منهم يعلم ذلك فقد كان التوجيه لصناعة مسخ قومي ديمقراطي سواء بشكل إسلامي أو بشكل علماني، وأن البيئة مواتية.

فإن هناك أجهزة وأنظمة تعودت وأنشأت على استعباد الناس وشعوبهم لأنظمة وقميات أخرى وكانوا هم حراس عليها وأن هذه الشعوب اعتادت الأنظمة المتلاحقة منذ عهود بعيدة أن يشكل نفاقتها تلك الأنظمة لخدمة أغراضها فالشعب على دين مليكه والحقيقة إن العبيد إذا صنعتهم كذلك فهم على دين أسيادهم وعلى التلاعب بجهل الشعوب اعتاد الخبثاء والأذكياء والسياسيون المتاجره بجهل الشعوب ليدفع الشعب الجاهلي ثمن جهله.

وعلى ذلك صنع النظام المباركي التوجيهي الديمقراطي الجديد وبالفعل تشكلت بطريقة مباشرة وبغير مباشر مثلما شكل السادات الجماعات الإسلامية واستورد افكارها من

الباكستان شكل نظام مبارك الجماعات العلمانية والديمقراطية سواء الإسلامية أو الشبابية أو الحركات المناديو بالتغير بل واستورد أيضاً من يعلمهم من منظمات غير حكومية لها ابعاد امريكية وأوربية وأعطى مبارك مقلما فعل السادات مع الجماعات الإسلامية والإخوان أطلق يدهم كذلك فهل مبارك أعطى تعليماته بإطلاق يد المسخ الديمقراطي الجديد سواء المسمى بالإسلامي أو العلماني وكلاهما ديمقراطي أطلق يد الأولى في المساجد لأسلحة النظام الديمقراطي من ناحية ومن ناحية أخرى المشاركة العامة بسياسة النظام لتفعيل الديمقراطية ومن ناحية الوقوف باسم الإسلام ضد أي حركة ضد النظام وأنثنت للسلفيون والجماعات الإسلامية قبل 25 يناير القنوات الدينية والمجلات الدعوية ونحو ذلك ولك أن تتخيل هل كان من الممكن إقامة قنوات دينية ومجلات دعوية وغيرها من التمكن من المساجد إلا إذا .....!!! ولك شاهد في كل انتخابات لمجلس الشعب والذب كان يذكره الجماعات الإسلامية والسلفيون بل والإخوان في انتخابات الرئاسة الكل يتسابق لإبراز وجوب الوقوف في خلف مبارك كاقائد مسلم لدولة إسلامية والكل يحمل صوره ويبايع ولا داعي بلا إسهاب في هذا الموضوع ولك تصريحات (المرشيد العام للإخوان ومبايعته المبالغ فيها لمبارك) هذا من جانب ومن كانوا يجوبون الشوارع للتنديد بعدم ديقمراطية مبارك بل البعض منهم كان يسب مبارك سباً.

كل ذلك لتعلم كان بعد 2001 وذلك بالنظافة الأمريكية الجديدة للشعوب الخاضعة لها في شكل أنظمة وكان هناك من يحسب لنظام مبارك خروج المظاهرات أو إنشاء الحركات وهذا معروف عند الحكومات وبواسطة توجهه سياسي مصحوب بدعم مادي ومعنوي وإرشداي ومتابعة وحسابات رقمية وقد ذكرت بعض محاوراتي مع بعض ضباط الأمن وقتلها وكنت شاهد على بعضها كما ذكرت.

صناعة أخرى : وهي صناعة مبارك لشرائح عديدة لشعبه وهذه الصناعة استطاع مبارك ونظامه أن يجعلوا الكثير من الشرائح أداه مصنوعة مقسمه:

1- شرائح المسجلون جنائياً والمرشدون.

2- شرائح تمثل الهرم السياسي والثقافي والأمن التراكمي.

فعن الأولى: فقد زاد النظام الاتحاد السياسي في ذلك العهد من الإكثار من الدفع بأعداد للحبس ثم التحكم فيهم بعد ذلك لخدمة أغراضهم بعد خروجهم وترددهم على الأقسام وكانت المباحث في المديريات تتولى ذلك وكذلك الأقسام الشرطية، وبذلك يستطيع الأمن تطويق وإخضاع الكثير من الشعب عن طريق هؤلاء ومن ذلك ابتزاز المستخدمين وللإخضاع من ناحية أخرى.

وعن الثانية: وهي شرائح تمثل قوة النظام الأمن في تلك الشرائح حيث الإخضاع لثقافة التنافس للدخول ضمن فرق النظام حيث السلطة والمال والنفوذ والقوة وقهر الغير والغزيرة المصرية في الاستعلاء حتى صنعت الأجيال مبادئ عامة لتلك الأجهزة تصارع القوانين الخاصة بها لا تستقبل أعضاء جدد إلا بشروط معلومة للجميع وجميع الشرائح كانت تتسابق على تلك الشروط ولتوافر تلك الشروط تجعل من عشاقها يفعلون بمقدرات المجتمع ما يفعلون حتى يكونوا من أصحاب الثروة والنفوذ وهذا الجانب توفره السياسة العامة للدولة والقائمين عليها.

ثالثاً: شعب وهو ما تبقى من الشرائح قسم ثلاثة أقسام.

الأول: مخلوب على آمره ليس له بدمر أن يعاني ويخضع لكي يأكل ويعيش ويخاف ويموت في صمت منه من يستأنس ومنه من يقاوم ويقاتل لقوميته.

الثاني: وهو من اعجبته فكرة العبودية والتأقلم عليها.

الثالث: وهم من لا يهبون من تلك الشرائح كلها وهم حماة الوطن وحراسة مدرسة الوطنية مصلحون ما يفسده غيرهم هم وحدهم من يحمل الوطن على عاتقه لحماية حدوده وهو يحمي التجمع الوطني وارضه وهم الذين لا تستطيع قوة داخلية أو خارجية استعبادهم.

ا لأقـبـا ط

الأقباط يعني المسيحيون ولكنهم يحبون أن يسموا أنفسهم ذلك، المضطهدون كما يحبون ذلك المسمى ولا أدري أي إضهاد هذا الذي يجعل من صاحبة أن يصدر قرارات كنيسه للتضامن والتأيد لمبارك وحزبه على طول مدى أي إظهار وهذا والذي يجعله من صاحبه أن لا يعرف طريق المعتقل السياسي الذي ذاق وابله وسلمه المسلمون أي اضهاد هذا الذي يجعل من صاحبة لا يعرف واحد منهم فقط ولو لمرة السجن السياسي غير المعتقل أي اضطهاد هذا الذي يجعل من صاحب أن يقيم المؤتمرات والندوات التي تتطلب بالمساواة ليصوروا مع الحزب الوطني للعالم أن هناك ديمقراطية بمصر وأن النظام بمصر يرعاها ونسى الإثنان أنهما يجعلان من مصر وجهة للفتنه الطائفية ووجهة للإضطهاد المزعوم أو حل لهذا الحد أن تهدر مصالح مصر وأمنها القومي من أجل مصالح تجمع أو نظام أي اضطهاد وهذا الذي يجعل اصحابه التنظيمات السرية الكنسية والمنشورات ولا يقبض على واحد منهم، مره وقع في يدي منشور بشكل ما وطريقة ما وكان عندي متابعة أمنية بأمن الدولة في نظام مبارك وتكملت مع الضابط وأظهرت الورقة المنشور خطير يعرض الأمن القومي نفسه للخطر حين يتكلم عن احقية الأقباط في مصر وأن المسلمون غزاة ونحو ذلك.

فوجئت بالضابط يخبرني بأنه يعلم ورأيت عنده ما لم أره من قبل فسألته وكان ذلك بأمن دوله حلوان سأله لو كان الأمر على مستوى الجمهورية فلماذا تسكنون أخبرني أنها سياسة عليا نعم سياسة عليا للقضاء على المسلمين وإطلاق يد الأقباط مما نشأ عند البعض منهم عقيدة حقد وكراهية للمسلمين الغزاة لكن العقلاء الوطنيون منهم والفاهمون كثير ولكنها السياسة، السياسة التي جعلت من الأقباط رجال أعمال وأثرياء مثر نعم إنه الاضطهاد وأخيراً أسأل وليس أخر أي اضطهاد هذا الذي يجعل من أصحاب يمتلكون

أغلب الاقتصاد القومي ولعلك لا تدري كم قناة دينية يمتلكها المضطهدون حقيقي اضطهاد ولكنه اضطهاد ديمقراطي ومده ضحكت لرجل مسيحي لكمني عن المساواة بالمسلمين فقلت له والمسلمون يريدون المساواة بينكم !!! هكذا كان الرجال قبل 25 يناير.

ثورة يناير: كان هذا هو حال الناس قبل ثورة يناير فكان من سنن الله الكونيه أن يحدث تدخل إلهي والآيات الدالة على ذلك في القرآن من كثرة فقد فسد الناس واستفحل فسادهم وفسدت الأرض بهم وتنوع الفساد وتسابقوا عليه ولم يجد الإسلام على أرضه نصيراً وكم تضرعت أنا وكثير مثلي إلى الله للتدخل فقد ظن الكثير من الناس أن المقادير بيد فرعون وأعوانه وتقسيمه للمجتمع وكان المفروض بأن يحصر أمثالي حتى الموت وأجهزة الأمن تعرف ذلك والحقيقة التي يجب أن تذكر إن مصر على وجه التحديد كان بها من الشرفاء والرجاء الوطنيون والذين يحملون بين ضلوعهم القومية الإسلامية ومبادئها وكم وجدت منهم العون والشفقة في الخفاء وكم من رجل داخل أروقة جهاز أمني رفيع كان يساعدني ويساعد من يرى فيهم الإخلاص لتاريخ قومية بلاده بشرف فكانت المساعده حماية في بعض المواقف في الخفاء ودون علم أحد وقد علمت بذلك بعد ثورة يناير .

الثورة : والترتيب الزماني ليؤمن من لا يؤمن بالله وحده أنه هو المعرف .

أولاً : استقراء من المعلومات الخاصة والتصريحات من أصحاب القرار في الولايات المتحدة الأمريكية وبعض اللقاءات في البرامحج لقناة روسيا تتلخص في :

1- صناعة أمريكا وحلفاؤها من أروبا والشرق الأوسط لجيل جديد من الإناب لحمل رسالة الديمقراطية نظراً لعدم الوجوه الحالية وأن الشخصيات الحالية أدت ما عليها في تلك المرحلة ويجب إعداد وكوادر لحمل الإعانة على النحو السابق شرحة بالإضافة لدعم وإنشاء الحركات الديمقراطية لإحداق التوازن الديمقراطي بالمجتمع.
2- ولتطور الخاص بالدور الأمريكي وحلفاؤها من توجييه وإرشاد إلى تغير مباشر في أركان المجتمع بل وتغير في مفاهيم الدين الإسلامي نفسه ذلك بوضع المناهج

التربوية بالأزهر نفسه بشكل وضع هيكلية المنهج والهدف الاستراتيجي وترك الحشو الدراسي للمتخصصين بل وأنشأ الأزهر جديد كان مقره (مدينة نصر) صناعة أمريكية (جامعة الأزهر الأمريكية) عثرت عليه أثناء تجوالي للبحث عن وسيلة لأحمل بها دراساتي الجامعية أثناء فترات الاعتقال ومعروف مكانها وكانت المصروفات بالدولار وهي عبارة عن جامعة أزهر برؤيا أمريكية وتكلمت مع الإدارة ولما علمت المكافحة بمحاولة إلتحاقي بالجامعة تتم سحب الترخيص مؤقتاً وحذفت على ذلك من الجهاز الأمني حيث أني اتجاوز في عرفهم الخطوط الحمراء وقائمة الممنوعات المشروطة في الإفراج وتحديد الإقامة والمعاملة وقوانين المكافحة السرية والعلنية ونحو ذلك مما يجبرونه تهديد للأمن الداخلي والخارجي (يمكن الاستدلال على الجامعة) وقد قام شيخ الأزهر الحالي والذي كان رئيس جامعة الأزهر قبل الثورة وكان عضو اللجنة العليا بالحزب الوطني الحاكم قام بتغير في المناهج تمشياً مع السياسة والتوجيهات ورسم الحدود للشعوب بما يتماشى مع مفاهيم الرؤيا العالمية حتى للإسلام وكان حجته يوضع مناهج جديدة لتفريغ الأزهر من محتواه التاريخي (وهو إلى قابل) بحجة أنها مناهج وهابية نسبة للأرواح محي بن عبد الوهاب ولم يعرف شيخ الأزهر قبل هذا أنها مناهج وهابية وعلى ذلك كان لزاماً على شيخ الأزهر تغير أجال من الطلبة والأساتذة لكونهم تتلمذوا على المناهج الوهابية وكيف كانت الوهابية المزعومة في زمن مبارك واسلمة نظامة مراهنة حكمه أنه حكم الإسلام حتى غرق البلاد والعباد إن الأزهر يحمل مناهج تعليمية للطلبة الأصلو المنهجية الثابته ويحمل وزر من يدعوا منهم بمفاهيم إسلام غير التي جاء بها النبي محمد صلى الله عليه وسلم.

ثانياً: كانت الشباب والحركات تندد كعادتها بالتزوير الحكومي وبعدم تطبيق الديمقراطية فجأة خرج الشعب التونسي وكسر الحاجز النفسي يبير السلطة والقهو الشعبي ووجد الناس أن قوى وكثافة الجماهير أقوى من السلطة بالرغم من أن السلطة كان لا لوطنيتها أو شتلا أخر سوى إنها كما ذكر مجرد حراس لتوصية أسيادهم فلم يتلقوا من الإدارة الخارجية والتي تدير الأحداث القمع أو العنف سوى الاستسلام فكان الاستسلام.

ثالثاً: بعدها بشهرين من نجاح الشعب التونسي أو أكثر كان عيد لشرطة فخرج بعض الحركات تندد بالتزوير الانتخابي والمطالبة بمحاكمة وزير الداخلية لأفعال الشرطة القهرية والقمعية فخرجت قوات من الشرطة للضرب والتفريق وقد كان حرب المطالبون بذلك وتفرقوا في الشوارع بداية من مدينة السويس وبعدها ميدان التحرير ثم عاود البعض مطابة النظام بمحاكمة رئيس الوزراء فتم الضرب والتفريق وهروب المجموعات بالشوارع وعند تتبع الأمن بشكل كثيف خلف الفارين نزل دفعات من الشعب وبلغت مئات الألوف تدافع عن ضرب الفاريسة واشتبكت مع الشرطة ونزل أخرون وأخرون ترفع شعار رحيل النظام والمصطلحات التي رفعتها تونس وبنفس الأسلوب من (الشعب يريد إسقاط النظام) وكالعادة بغرور وكبرياء الجهلاء تجاهل مبارك ذلك فنزل من الشعب الملايين حتى أمر مبارك الجيش بتسلم الأمور الإدارة للبلاد ثم استقال من منصبه فظن الناس تغير النظام ولكن كما ذكرت متحدثه في قناة روسيا اليوم وكانت في المخابرات المركزية الأمريكية (ضابط اتصال) كشفت عن إعداد أمر يلمس وبعض حلفاؤها دون الشرق الأوسط لذلك الأمر توجهه وإعداد وإدارة الثورة عن طريق إخاف أحداث تعرقل وصناعة أحداث للنجاح وذلك لتغير وجوه ممثلة للسياسة الأمريكية ممثله في شكل جديد للقولية التي كف عليها الزمن والتغير وجوه وليس لتغير أنظمة (أرجو التركيز) وقد كان.

موقف المسخ :

أولاً : المسخ الديمقراطي للجماعات الإسلامية والإخوان.

كان الموقف الذي عايشناه كالشعب هو التضامن بين الجماعات والأخوان والحزب الحاكم ومبارك والنظام الكائن بشكل مبالغ فيه حتى أن السلفيون اعتبروا الثورة خروج ؟؟؟؟؟ على الحاكم وأن مبارك يجب الدفاع عنه حتى الموت وكذلك الجماعة الإسلامية كانت والجهاد تحاول عرقلة نجاح الثورة تقرباً لمبارك والحقيقة هو لأنهم جزء من النظام وكذلك

الإخوان فقد كانت الثورة ضد المسخ للجماعات والإخوان كما هو ضد للنظام ولم ينزل الإخوان للتحرير إلا بعد التأكد من سقوط النظام وكاعادة الإخوان البرجماتية التخلي عن المهزوم واللحاحة بالكارت الكسبان.

الأقباط والأزهر : كانوا ضد الثورة وكانت أواصر الكنيسة والأزهر هي عدم التظاهر ضد مبارك والحقيقة أيضاً أنهما جزء من النظام ولم يسقط معه مصداقية لسياسة أمريكا في تغير الوجوه وليس النظام أو العقيدة القومية بل تجديدها بدم جديد.

وشارك: في الثورة المرشدون والعملاء من الصحفيين ورجال التمثيل وبعض ممن كان يلهث خلف النظام.

وشارك : شرائح شعبية كانت ممن استفاد من النظام وقوانينه وشارك في مفاسده من الإبراء بغير شرعي على حساب الوطن وكانوا ممن حول الوطن لسلطة باعها هو واشتراها بنفسه.

وشارك : الكثير من الإنتهازيون المنافقون وممن شارك مبارك في تفعيل مفاهيم النظام والعمل على مشاركة الشعب لتلك المفاهيم.

وشارك : جميع طوائف الشعب المهمشين والسفهاء والحمقى والمسجلين جنائياً بعدما فشلوا في مساعده النظام انضموا للثورة.

والعجيب أن الشرطة نفسها انضمت للثورة.

وهكذا: الحال في بلاد بلغ الضعف الذهني بها أن تتساوي فيها الأفعال وفاعليها وكل ما تراه حسناً.

وبعد استقرار أوضاع الثورة :

هرول اصحاب المصالح من المسخ للجماعات والإخوان والسفهاء والتطرف من الممثلين لإنشاء تجمعات وحزبيات ومحاوله الوصول للسلطة فكان مجلس شعب مشارك فيه المدرسة النقابية للإسلاميين بالرغم من أن مجلس الشعب كان على التشريع للنظام المباركي يعني شركي وضد القومية المذكورة ومع ذلك فقد هرع إليه الإسلاميون فأين الشرك من الإسلام عندهم ثم تكوين الأحزاب الإسلامية والمناداة بالديمقراطية في أحزابهم ثم كان علوا محمد مرسي للحمك بمصر بعدما صوت الشعب بأغلبية أن مصر دولة إسلامية ولكن استجهال الشعب من الإسلاميين الديمقراطيين ومن العلماء أبن الديمقراطية صور وللشعب أنهم مسلمون وممثلون للإسلام بل وأن لنا يفعلوا هو القومية الإسلامية ولم يعلم الشعب إن جماعة الإخوان والجماعات والسلفيون وفحوهم كانوا أعمدة لنظام مبارك الديمقراطي وليس لهم علاقة بالعقيدة الإسلامية المنزلة إلا علاقة مشوشة وأنهم من الأعمدة وحراس جدد ومساعدون لأسيادهم الأمريكان وغيرهم على وجهة الحقيقة وكان أول ما فعل محمد مرسي هو تأسيس دستور علماني وديمقراطي ليس له علاقة بالعقيدة التي جوبها النبي صلى الله عليه وسلم فأنتبهو للمدرسة النفعية للإسلاميون المزيفون وقد ملاءت تصريحاتهم الصحف والتي تؤكد ولاءهم للديمقراطية دينهم ولا أدري إلى متى يتاجر بهذا الوطن من أبناءه تاره من العلمانية الديمقراطية (المخ) أو من الإسلاميون الديمقراطية (المسخ الثاني) ولا أدري إلى متى تظل جهالة شعب أرض خصبة للطماعين والمنافقين وإلى متى تظل الاقنعة على وجوه المدرسة النفعية من الإسلاميين بعدما ضيعوا تاريخ المقاومة لحماية القومية وأضاعوا الدين المنزل (العقيدة) واصبحت الفتن على يديهم بعدما بدلوا واضاعوا الولاء والبراء وصنعوا مفاهيم عقائدية تتناسب مع ديمقراطيتهم (توافق ديني ، وضعي مع منزل) وبأي قناع زائف يصنع هؤلاء على وجوههم في ميادين مصر عن أي شيء يدافعون عن ديمقراطية (مرسي) أو عن علمانياتهم ولرؤيتهم الديمقراطية أولا يذكر الشيخ معركتي معه وهو يكتب الدستور الديمقراطي

العلماني في زمن مرسي وقلت له أهذا هو الإسلام الذي اعتقد ما اعتقد من أجله أهذه هي القومية الوطنية الإسلامية التي قادنا ودافعنا عنها وضاع ما ضاع من مستقبل وقتل شهيداً ولم يستجب !!! والأن عن أي إسلام يتكلمون ألا يخلصون ألا يخافون الله فبأي أسلوب يتحرروا بشعب محب لدينه ولكنه لم يجد من يعلمه بأي ضمير يتعاملون يهون الدين ويهون الوطن في سبيل النفعية والحرص على المكاسب، حتى الديمقراطية وإدارة شئون البلاد فشلتم فيها وصدق من قال (من أرض الناس في سخط الله، سخط عليه الله واسخط عليه الناس وابتغى رضى الله في سخط الناس،، ورضى عنه الله وارضى عنه الناس) مقوله أهديها لمرسي والجماعات والإخوان والسلفيون والعلمانيون (المسخ) والديمقراطيون المصنوعون صناعة خارجية وأهديها لشرائح شعب استحب العمى على الهدى وترك كتاب الله خلف ظهره واخذ يبحث عن طريق الهدى في غيره.

من أثار القومية الديمقراطية: وهذه بعض الأثار غير ما سبق ذكره

من كونها إحلال لمحل القومية الوطنية الإسلامية والتي نشأت على مرحلة كما سبق ذكره مرحلة:

مرحلة التكوين والإنتاج: وهي مرحلة نزول الرسالة والتي انشأ عشر البحث العلمي الجديد.

المرحلة الثانية للتكوين والاستقرار : وهي مرحلة ذات عناصر مكمله للمرحلة الأولى وهي من مرحلة التتار المغول إلى إنتاج عصر جديد للبحث العلمي القومي والاستقرار، وتظل في مراحل تطوير من الأصل للمرحلة الأولى كأساس وتطوير في مفاهيم البحث العلمي باستمرار حتى نهاية العالم.

ولكن من أثار الديمقراطية القومية غير ذلك :

أولاً : انقسام الوطن لأحزاب دينية ومدنية وتمزيق الأمة في شكل متأخر وإذا عنى عن ذلك في موطن الديمقراطية بأمريكا وأوربا هذا الأن الديمقراطية أصل يتحقق الجميع عليه كالقومية ودين وتكوين لذلك خلافهم خلاف تقديم أجمل صورة للديمقراطية أوطانهم والتنافس في ذلك، أما في بلادنا لكون الديمقراطية دخيله وقومية فإن ماضيها من مظاهر وأحزاب مجرد مسخ ينافس بعضهم على بعض وليس على بعض لإثبات أيهما أولى بأن يتصور مشهد المسخ.

ثانياً : تجد هناك فئات وجماعات وديانات مكونه من ؟؟؟ كإمرأه ورجل وطفل ونجل ونحو ذلك مما يوحي بالقصور الذهني في ذلك من تصور.

ثالثاً : تقدم وتصور بعض من المرونة النفعية قسم (مسخ واحد) وهي الإسلامية الديمقراطية وهذا تقسيم بديهي للديمقراطية قاموا بوضع الإسلام في قالب ديمقراطي وتصور أنها دولة إسلامية مثل ما كتب (كيف تحكم بالإسلام في .....) ونحو ذلك من أمراض عقائدهم ولم يهتدوا أن الإسلام دين قائم بذاته انتج قومية وطنية ذاتية لا يخضع لدين وضعي أو تخضع قومية لقومية أخرى ولم يهتدوا أنه بذلك يخرج الإسلام عن شكله لإستبداله بغيره كما قال الله تعالى في سورة البقرة (فمن يكفر بالطاغوت ويؤمن بالله) وكذلك تستبدل القومية الوطنية بأخرى أجنبية ليقدموا أروع صورة من صور العبودية في العصر المعاصر.

رابعاً : إنشاء طبقة (عوام العلمانية) فإن كان للقومية الإسلامية علماء وطلاب علم وعوام فإن القومية الديمقراطية لها في وطنها كذلك ديمقراطيون متخصصون وكذلك متعلمون وكذلك عوام لا يعلمون من الديمقراطية سوى الممارسة أما في بلادنا فإن القومية الديمقراطية لها (مسخ) في من يتولى أمرها على نحو ما سبق ذكره في البحث من مسخ ولها من يتشرق بها وهو لا يعلم أكثر مما يفهم وعلى ذلك فنشأت طبقة جديدة ممكن أن

تقابلها في عملك أو في جامعتك أو في الشارع وهذه الطبقة اكتشفها البحث وهي عوام العلمانية وهم المشتغلون بها في حياتهم كممارسة عملية دون فهم كامل أو وعي لها حتى اصبحت جزء من ثقافتهم وتظلماتهم الشخصية والأسرية وكذلك الاجتماعية وعلى ذلك تكون النتيجة وهي التصادم بأركان الدولة في القومية الإسلامية الوطنية فيحدث الرفض للقومية الإسلامية ويحدث الصراع كيف يكون مسلم ومن ناحية يرفض القومية الإسلامية هذا ما أحدثته الديمقراطية التي مصدرها العلمانية ففي بلادها على سبيل الحقيقة لكونها أصل أما في بلادنا يحدث الصراع لكونها (مسخ) فإن من أركان القومية الإسلامية التشريع الأخلاقي والثقافي في المجتمع فهل تستطيه أن تخضع إمرأه للحجاب الشرعي المنزل لا تستطيع الإحجاب هذا لو حدث؟! إلا حجاب تراه هب وليس يراه الإسلام المنزل هذا لكونها تربت على ثقافة حرية المرآة في الدين العلماني والعكس بالنسبة للمرآه التي تربت في مجتمع إسلامي حتى في بلادنا أن المرآه التي تربت في الأقاليم بها من العادات التي تصون بها نفسها عكس إمرأه في بيئة أخرى كذلك الرجل ونحو ذلك.

والسبب هو استبدال عوام العلمانية القومية الإسلامية بالقومية الديمقراطية دون وعي لذلك فإن علمانيتهم في مراحلها الأولى كما سبق شرحه في ظهورها في أوربا (راجع البحث) ففصلت عندهم (الدين والدولة) رغم قبولها الإسلام كالدين فنجد الكل يقبل الإسلام كالدين للدولة بما في ذلك النصارى أو المسيحيون ولكن يكاد يكون الأغلب يرفض الإسلام كالقوانين تشريعية ولكنهم يقبلوا بالقومية الإسلامية، فهذا لبس يجب توضيحة حتى لا يقع الناس في تضامن يتسغله الخبثاء لأغراض نفعية كما فعل الساسه وبعض الحكام في استقلال جهل الشعب وتاجر بهذا الجهل للمصلحة الشخصية والتي ربطها بالمصلحة القومية ثم تصور الحكام أنهم هم الدولة وهم القومية وإخرج عليهم كفر وخيانه وهذا أمر حسن موروث تكلمنا فيه سابقاً.

خامساً: من الحياة في المجتمع الديني منزل خير من الحياة في مجتمع ديني منزل اتخذ منه اصحابه دين صنعوه هم بأيديهم من أصل ذلك الدين المنزل (راجع جزئية البحث في صناعة الإنسان للديانات).

الدولة الديمقراطية : وتعني الدولة الدينية وأصل واضع ذلك المصطلح هم اليونان كالمعنى قديم بعد تعرضهم على الألهة التي تشرع لهم ثم تطور المصطلح ليناسب الظهور الجديد للديمقراطية والتي أنشأته العلمانية كنتيجة لعصر النهضة الأوربي فأصبح المعني هو: إسناد الأصل (لله) وتكون على معنيين:

الأول : الحق الإلاهي المباشر والثاني الحق الإلاهي الغير مباشر.

فالنسبة للمعنى الأول يتصور واضعوه أن أصل الدولة هو الإله فهو خالق الدولة وهو الذي افتار الحاكم ثم تطرف بعضهم وقال إن الحاكم هو الإله أو ابن الإله.

وذلك مثل الدولة الفرعونية، والدولة الدينية بداية من عصر قسطنطين الروماني حيث جعلوا الحاكم خليفة لله وكذلك الاعتقاد الياباني في الأمبراطور (الميكادو) وكذلك في اليهودية نظرت إلى الله على أنه منشئ السلطة الملكية وأنه هو الذي يختار الملوك ويمنحهم السلطة.

وكذلك في المسيحية أيضاً حيث قالوا عن نظرية الحق إلا أنها طبقاً لتعاليم (بولس) والذي أكد فيه خضوع الناس للسلطات العليا لأن الله هو الذي وضع هذه السلطات في أيديهم.

وعلى ذلك كانت نشأة العلمانية بشكلها الحديث كنتيجة لعصر النهضة للبحث العلمي كما سبق شرحه وعلى ذلك كانت الديمقراطية كبديل للكنيسة والحقيقة إن تعاليم بولس كانت لخضوع المسيحيون كلهم للإمبراطور وعدم الإنقسام الديني عليه وتكفير بعضهم لبعض بعد إرغام ملوك روما للشعوب على اعتناق دين مسيحي على مفاهيم الديانه الرومانية في تعدد الألهة والمفاهيم التصورية لذلك مخالفة ذلك لأصل الدين المسيحي والذي اعتنقه أغلب الشعب المسيحي وقتها.

والنوع الثاني : من نظرية الحق الإلهي (تختلف عن الأولى).

جاء الإسلام من أول رسول ونبي وحتى أخر رسول ونبي وهو النبي الرسول محمد صلي الله عليه وسلم لإقرار مبدأ التوحيد وتعبيد الناس والطبيعة والكون لله وحده وفي الإسلام الذي جاء به النبي محمد صلى الله عليه وسلم جاء الإسلام بمفاهيمه في الألوهية الربوبية وتحديد ميلاد الإنسان الثاني والذي به يكون التحول من المخلوق للإنسان فأعلب الناس على الميلاد الأول وأما ما حباه الله ومن عليه بالميلاد الثاني سبباً لكسبه ذلك الميلاد والبحث عنه تحدد له ماهيته كإنسان وقدرات ووجود ون وجوده إثبات قدرة الإنسان على الطبيعة بالبحث العلمي الذي فطر الإنسان عليه وكان جزء من تكوينه في ميلاده الثاني وكذلك إراده الإنسان على كسب حياته ليكون مسئول هو أمامه هو سبحانه فحارب الإسلام الدولة (التيوقراطية) وجعل للأمة كيان وقومية لها مسئول عن قيام أركانها كأمانه (إسلام) بغاه التوحيدي لإخضاع النفس لإله واحد ومن هذا تتشكل الدنيا للمسلمين وفي الديمقراطية وعلمانياتها تتشكل الدنيا للمسلمين بها فيكون للدولة في الإسلام شكل وقومية وفي الديمقراطية شكل وقومية ففي الإسلام يعبد المسلم الناس لله وحده ويكون أميناً على ذلك ومسئول ويتقربا بالدنيا لله وحدة.

أما في الديمقراطية فتجعل من أولياؤها وأربابها (الإلهة) تشرع وتكون مسئولة أمام أنفسها (المرحلة الثانية من العلمانية من أن الإنسان الإله نفسه) راجع هذه النقره عن البحث وعلى ذلك تكون الديمقراية (دولة تيوقراطية) كبديل للدولة التيوقراطية في القرون الوسطى (الكنيسة) فهي استبدال دولة تيوقراطية بأخرى مثلها باختلاف الإدارة والسلطة من الكنيسة للشعب ومن انفراد الرب عندهم بشئون الدين في شكل دنيا إلى فصل الدين عن الدنيا فيكون الدين شفافية وطقوس روحية وسلخ الدنيا من الدين لتكون بغير الله أو الرب فيكون مالله لله وما لقيصر لقيصر وتكون الدولة غير الدين والحياة غير الأخرى فتكون الدنيا عادة مسلوخ منها الروح والدين روح مسلوخ منه المادة (إن صح التعبير) فتظهر العلمانية الحديثة بشقيها الأولى ثم تتكاثر المفاهيم المادية الوضعية تأويلاً لنتائج البحث العلمي المادية الحديثة وتتلاشلا الروحانية الكنيسة لتتوالد العلمانية في المرحلة الثانية وهي أن الإنسان إله نفسه وأن لا إله إلا الإنسان كما سبق شرحة، وهذا بالطبع لا يسرب على الإسلام وأن من يحاول نقل تلك الديانة وتلك

القومية (المسخ) لبلادنا فهو مخطئ وصاحب عقل ضعيف إذ رأى الإسلام المسيحية في عصر النهضة كما يرى شاب ضعيف.

الذهن مطرب أو ممثل فيتشبه به حتى يتصور أنه هو وما هذا إلا لضعف في الذهن وضياع لعمويته (الكسب) وذوبان شخصيته وفي حالة البحث إن هذا الضعف الذهني تولد لأسباب.

1- وراثة بقايا ذلك الضعف من التراث القديم كما شرح البحث في أولى وفصوله.
2- تلاعب الجهلاء من أحكام والساسة بالشعوب وهويتها وقوميتها ومحاولة فرض رؤيتها في مسخ لقومية جديدة مستخدمة فهي ذلك وسائل الدولة المختلفة لتأسيس ذلك الفكر وتلك الثقافة وكان مصيرها الفشل.
3- جهل الكثير من المتخصصين وعوام العلمانية وخواصهم بل والإسلاميين الديمقراطيين بمعنى القومية وعلاقتها بالأديان المنزلة والموضحة بل وجهل البعض بمفاهيم الدين الوضعي والمنزل وأيضاً جهل الغالب منهم بمفاهيم الإسلام العقدية والإلمام بها بالشكل المناسب وكذلك جهل الغالب من المذكوريين بمعنى مفاهيم البحث العلمي أو علاقة العبد بربه أو مفاهيم الذات الإنسانية وماهيتها وكذلك الجهل الغالب على الشعوب والأفراد بمعنى الإله أو الرب وما يكون به الإله إله وما يكون به العبد عبد.

كذلك جهل الكثير من المسخ بأنواعه برسالة الإنسان على الأرض والتي شرحها البحث في بعض فصوله وأن تلك الرسالة مرتبطة بميلاد الإنسان الثاني بل والجهل العام للجميع بمعنى مصطلح (الميلاد الثاني) فيعيش الجميع على مفاهيم الميلاد الأولى سواء بشكل إسلامي أو شكل مسيحي أو شكل دين وضعي كشكل علماني مراجعة الأولى والتي أدى الجهل بها للثانية.

4- جهل الغالبية العظمى من العلمانيين سواء المسخ من الديمقراطيين الإسلاميين أو الديمقراطيين العلمانيين هم وأصل سواء في أمريكا أو أوروبا بمفاهيم البحث العلمي الحقيقة ولا يعلم أنهم قد وقعوا في خطأ شرحة البحث وهو ظهور ذلك المعتقد (العلمانية وقميتها الديقراطية) كنتيجة للبحث العلمي الطبيعي والذي ظهر في عصر النهضة أن الباحثين والمفكرين الاجتماعيين بأنواعهم السياسية والاجتماعية والاقتصادية أنهم قد أوَّلوا نتائج البحوث الطبيعية سواء النظريات المختلفة في العلوم الطبيعية والكونية تأويل افتراضي وهو معتقد عندهم كان يحتاج لدليل من ناحية، وقد استخدم البعض تلك النتائج لتأسيس العلوم

وعلى ذلك يكون هذه العلوم افتراضية ظنية على نتائج حقيقية غير مطلقة وغير مكتملة الحقيقة بدورها حيث أن نظريات البحث العلمي بعضها في هدم دينا والأخرى تكمل بعضها بعض وتحول بفعل التقدم العلمي من حقيقة لحقيقة أخرى مكمله لها فتكون في إحدى مراحلها غير مؤهله لكي تكون مصدر لحقائق مطلقة أما القوانين والثوابت من النظريات فني في صالح الدين المنزل، وأخيراً أن عقائد الكنيسة قبل عصر النهضة ليست مقياس لأمه الإسلام والتي من أساسيات عقيدتها محاربة العقائد الكنسية المخالفة للدين المنز وكذلك أن قومية أمه الإسلام كانت المصدر الحقيقي للبحث العلمي التي أقامة لهدم الخرافة التي أسس عليها مفاهيم البحث العلمي من مناهج في عصر النهضة ومن هنا كان الأسس البحثية ومفاهيم البحث العلمي في القومية الإسلامية كانت إحدى الركائز الثلاث التي ارتكز عليها الصناع الأوائل للنهضة العلمية لأوربا يعني القومية الإسلامية أحد المصادر تلك النهضة الحضارية وذلك بما في تلك الحضارة والقومية في وقتها (راجع فصل الحضارة).

وإن يؤخذ على القومية الإسلامية من نتائج تنم عن تخلف حضاري فلا تسئل القومية الوطنية عليه بل يسئل عن ذلك المسئولون عن ذلك من إنهيار خارجي واستعمار وطني والمتاجرون بجهل الشعوب والمشكلون لمجتمع جاهلي إسلامي جديد وعبودية وطوق وبيع وعرض بالمزاد (راجع فصل العبودية بالبحث مع فصول المسخ) وعلى ذلك فإن:

من مفاهيم الوطنية: إنه ليس من حق أحد كان ما كان أو جماعة أو منظمة أو حتى مؤسسة ولا دولة أن تغير من توصية شعبها بالقوة أو بغير قوة وأن الجيش هو المسئول عن حمايتها وأن الشعب هو المسئول عن تواجدها وبقاعها وإن كان من حق اليهود إقامة وطن قومي في إسرائيل ومن حق أمريكا إقامة قومية بهم بالمعنى التي تحملة القومية وإن كان من حق أيرلندا إقامة وطن لها بالشكل الذي يتناسب مع امتها وتاريخها اليس من حق مصر بعدما اكتملت بها عناصر الأمرة وجمعت شتات الأمة الإسلامية وأنصهر بها كل القومية الإسلامية الوطنية بشكلها الثاني والأخير كما شرح البحث أليس من حقها بحرمات جمع بها منذ القومية الثانية بعد التتار استكمالاً للقومية الأولى كما ذكر أليس من حقها أن تظهر توسيع بمعناها الصحيح وتدافع عنها من غزو القوميات ممن تسول له نفسه من مستعمر خارجي أو مستعمر وطني لا ينتمي لهذه البلاد في قوميتها أليس من حق مصر قوميتها التاريخية.

إن القومية المصرية التاريخية التي لها البحث أو الكتاب في عجالة حاربها الكثير إما جهلاً أو عمداً أو حقداً ذلك بأن تلك القومية بداخلها إمكانيات وقدرات متجددة لشعبها عجائبها لا تنقضي بداية من الإمكانية من تحويل شعبها من شعب يدوي (عامل) ولا يجيد الفكر والبحث العلمي بمعناه الحقيقي وليس بمعناه الخرافي أو المصنوع خصيصاً لدول العالم المتخلف وذلك لسبب معلوم إلى أمة قادرة على إنتاج الفكر والبحث العلمي والتاريخ شاهد ومن أمة تعبد ما تخاف من مخلوقات إلى أمة تقهر المستحيل الذي يراه غيرها من الناس والتاريخ شاهد.

ولتعلم ليس لأحد فضل أو ميزة لذاته هذا الفكر خارج نطاق تفكير الأمم المتحضرة لأنها تعلم جيداً قوانين السببية وقوانين البحث العلمي فعندما أسست مصر القومية الوطنية في شكلها الثاني قهرت أعظم الجيوش وأعظم الأمم وإن انتصارات مصر عقب التتار أكثر من أن أحصيها في كتاب أو بحث وعندما زحفت خلف القومية الشيوعية هزمت هزيمة من الصعب أن تتكرر لأمة من الأمم وتركت مصر محتلة من (الروس) ليس قومية فقط ولكن عسكرياً أيضاً فكان في الجيش أكثر من اربعون ألف ضابط روس لا تتحرك دبابه أو طيارة إلا بإذنه ومحتله من (إسرائيل) في أكبر فضيحة بست دول المفروض أنهم أصحاب قومية وطنية تزعمتها مصر تغيراً لقوميتها وإلى الأن نعاني من نتائج تغير هذه القومية (القدس وبيت المقدس التي ضاعت إلى ماشاء الله).

وعندما استردت البلاد وعيها وتوصيتها خرجت أروع وأعظم انتصارات التاريخ الحديث وضربت مثل لتحقيق المستحيل تدرسه الدول الكبرى وليكون ذلك عبره لمن يعتبر ذلك لأن مصر قد حماها الله بمسئولية ليت أبناؤها يعرفون مسئولية القومية الإسلامية لرفع لواء رسالة رب الناس ومسئولية الزعامة لتعبيد الناس لرب الناس وقد حباها الله مرتين الدولة لتكون مقر (أمة محمد) وتعدد القومية الوطنية الإسلامية بعد زوال كل القوميات لذلك الله وحده ينصرها ولمن حارب في حرب (اكتوبر 73) يعرف ذلك إن مصر حققت المستحيل وطرت اليهود وطردت الروس واستردت ارضها بغير عده ولا عداد سكن للتسليح أو غيره ويعلم من عبر القناة أو قوه إسرائيل وحلفاؤها وإمكانياتهم مصر لا تقارن بهم وكان معهم كثير من العالم حتى الدول

المسماه بالعربية كانت تساعد من بعيد ويشهد المحاربون في تلك الحرب أن من حارب وانتصر هو جند الله من الملائكة وأن الخوف والشجاعة كانت تتأرجح في قلوب المحاربون ولكن الله ثبتهم (وما رميت إذ رميت ولكن الله رمى ....).

لن يستطيع أحد أن يغير من تلك القومية (صدق أو لا تصدق) وإن حدث لسوف يخرج من جلب هذا الشعب من يعيد قوميته (إنها مصر) فلا السفهاء وأصحاب العقول الضعيفة والجهلاء وغيرهم ممن قدر الله لهم التصدر أو الزعامة فإن الشعب المصري الحقيقي حامل الأمانة لم يظهر إلا عندما يعجز غيره وبعد ما يهدم ويخرب غيره عندما يذل ويقهر غيره من الجهلاء والحمقى كما عودنا التاريخ فهي مصر أض القومية الوطنية مقر أمة محمد ومن حولها من دول أفراد وجماعات لا يعول عليهم.

فإن في مصر رجال تعمل في خفاء وصمت لحماية تلك البلاد وهذه القومية حتى وإن كان قدرهم أن يكونوا في أماكن يستنكرها بعض الجهلاء ألم يفكرو أحدكم كيف كانت مصر محفوظة في قوميتها وحدودها وجغرافيتها وهي في ثورة تأتي على الأخضر واليابس رجال لا يعلمهم أكثر الناس لا يعرفهم إلا من جمع مع أحدهم في أمر ما.

ولتعلم ليس كل من دخل المعتقل (بطل) وليس كل من حارب من أجل القومية الوطنية (بطل) وليس كل من كان في دولة تحارب قوميتها (خائن أو عميل) بل إن كثير من الرجال بأجهزة (ما) مسئولة عن بقاء هذه البلاد على الخريطة لا يعرفهم أحد رجال من أكثر الناس وطنية ومسئولية وقومية لتلك البلاد رجال حملت وتحمل بالفعل (مصر) أنا لم أسمع ولكني أعلم الكثير منهم في زمن مبارك كانوا حائط (صد) وحماية من كثير من بطش واغتيال وقهر وكان يتم دون علم أحد أي إن كان ولا حتى المعتدي عليه رجال بحق ما أثر فهم من رجال ويعلم الله إني أقول الصدق ولم أعلم بما أعلم إلا عن طريق غير مقصود وبعد ثورة يناير وبشكل عفوي والحقيقة إني كنت أعرف القليل قبل ثورة يناير أيضاً ولكن بشكل أو بأخر ودون قصد أو نية معرفة هذا فقط لو علم هؤلاء الرجال إن ذلك الشخص أو غيره صاحب قضية تخص القومية

الوطنية وقد دفع حياته ومستقبله ثمناً لها. فياليت من تأخذه العزه بالأثم أن يعتبر أن وطنه قد يضيع ولن يجد وطن يتصارع على ريادته والقتال على مناصبة.

وطنيات: أحد العلماء اسمه كان يتردد في أوساط البحث العلمي صورته تظهر في بعض الصحف مقرونه ببعض الأعمال المبهره وهو مازال غالب كان الأمل يملؤه والتفاؤل لإحساسة إنه سوف يساعد في نهضة بلاده التحق بكلية التربية الرياضية وفصل منها والسبب أنه أخذ على عاتقه أمانه القومية الإسلامية الوطنية وبدأن المكافحة الخاصة بالإرهاب نتيجة للقضاء عليه وعلى دراسته ونشاطه وقتله كعالم وكشخص إن لزم الأمر حاول الإلتحاق بأكثر من كلية وكانت المكافحة له بالمرصاد اعتقل ودخل معتقل العرب في أشده وكلما يخرج إخراج يجدد المكافحة قد هدمت ما فعله من دراسة وأبحاص وعمل بل وتجديد أي شركة أو مجله من التعالم معه ولكن الله عز وجل أثاره صبر ومثابره وإحرار واتعب المكافحة معه التحق بأكثر من جمعية عليه رشح لجائزة الدولة التشجيعية وكانت المكافحة وراء شطبه من الجائزة بل وإخفاء أنه التحق بها منع من دخول أكاديية البحث العلمي بمصر ومنع من الجمعيات وحذرت المكافحة من التعامل معه أعطاه الله تعالى نظرية البحث العلمي (بيوبوجية فسولوجية) نظرية عامة عاد سببها إلى البحث العلمي ومنها إلى أمر تكليف بتجربة نظرية أحد المصانع (الاستراتيجية) بالدولة وحاول وثابر حتى حققت النظرية جزء منها مقام عليها إخراج خاص بالجهاز الحركي لجسم الإنسان وجعل على عده براءات على ذلك الإنجاز ولإن المصنع واضح حساس وأنه سجل فيه (عالم) ثم اعتقاله مره أخرى بسبب المكافحة وبعد خروجه كالعادة وجد نفسه شريد ووجد أهله أشد قسوة من أمن الدولة والمكافحة وأنه قد دخل جهاز أمن جديد لملاحقته وعرضت حياته وعلى حد قول بعض الضباط لمكافحة والمتابعة بعد ثورة 25 يناير أنه كانت توضع الخطط لكي يتم التخلص من ذلك العالم حتى أنه تعرض للتصفية مرتين ووضعت خطه لكي يتخلص هو من حياته ولكن الله مؤيد له وسافر بالخارج واعتقل من الخارج عدة مرات حصل على ماجستير وبكالوريوس من دولة تابعة للإتحاد السوفيتي وبعد اعتقاله وجد بأنه شطب اسمه وأن الجامعة غير معتمدة وكأنه لم يحصل على شيء حاول مره أخرى بجامعة في أمريكا بأشكال مختلفة ووفقه الله ثم أنهم بأمريكا بحثوا تاريخه البحثي والدراسي ثم مكث ثلاث

سنوات دراسة بالساعات على فترات بسبب ظروف الاعتقال المتكرره وبسبب المصروفات وحصل في النهاية على بكالوريوس علوم وعده شهادات للتميز والتقويم في البحث العلمي وقد هداه الله لمنهج لبحوث البحث العلمي يكون تجديد للمنهج التجريبي القديم وهو يعمل الأن على العمل في هذا المنهج بمساعدة بعض الجامعات بأوربا والصبر وأمريكا.

ولكن قبل ثورة يناير وقبل حصوله على الدرجات العلمية والشهادات وقبل ذلك علم أن الجزء المجرب بالنظرية في المصنع الاستراتيجي قد بيع بعقد وهي لجامعة في الشرق الأوسط مبلغ كبير والمتاجرون والباحثون رجال المفروض أنهم حراس لهذه البلاد ومستأمنون على علماؤها وأمنها القومي ولكن هذه صورة من حراس الأمن القومي في زمن مبارك وصورة من حمل على عاتقة أمانه القومية الإسلامية وكانت أصبحت قضية ورساله له مسطحي في سبيل ذلك بأشياء لا يستطيع تحملها شخص أين كان، والذي لا يعلمه إلا القليل أنه عندما علمت المكافحة أن أن ذلك الشخص حاول الإتصال بالجامعة التي حصلت على النسخة (وهي نسخة في حوزه الأمن القومي) وهي معمولة للدولة والشعب المهم تأمرت المكافحة على قتله وذلك قانون لديهم بهذا الجهاز ولكن تصور لهذا الأمر بعد الله تعالى سبحانه، تصدر رجال من داخل جهاز رفيع رجال بحق ليس لهذا العالم معرفة سابقة بهم وقفوا مدافعين عن هذه القومية والمتاجرون بالأمن القومي لحسابهم جاءوا بتقرير يفيد أن ذلك العالم يتبع تنظيم الجهاد وأنه اعتقل من الخارج أكثر من مره فكان رد الفعل من رئيس الجمهورية أنه أطلق التصرف لهم ولكن الرجال الشرفاء بأجهزة الأمن القومي المصري وقفوا لهم بالمرصاد حتى أن بعض الرجال قد أدعى في منصبه ولا يبالي وأجرى وقتها بحماية نفس وتصور رجال وشرفاء على رأسهم رجل اعتز به كثيراً كان ذا وضع ومنصب قيادي أمني رفيع بما فيهم أهله حتى أنه جعل هذه القضية قضية أمن قومي وكبر الموضوع حيث أنهم جلسوا معه.

أي مع ذلك القائد لا قناعة بضرورة تصفية ذلك العالم بحجة أنه إذا أعلمت جهة أمنية في دولة معلومة لها الريادة السياسية وغيرها على بعض البلاد ومنها مصر ولو علمت سوف يحدث تقنين داخل الرياسة والأجهزة الأمنية المختلفة بالبلاد وذلك بإتهام البلاد أنها تساعد الإرهاب

بالمتاجرة به لمصلحة أشخاص بعينها وفي نفس الوقت أنها تعطي معلومـات خصمـاً عن بعض الأرهابيون وهم علمـاء في الحقيقـة وليسوا كمـا جوروهم أرهايون ففي هـذه الحالـة تتلاعب الأجهزة وعلى رأسها الرياسة بالاتفاقيات والمقارة بأمن البلاد الخارجية بالإضافة بدل ما تمتنـع لدولة الإرهاب بتوفير مناخ مناسب لمساعدة الناس بل تصنع هي الإرهاب للمتاجرة به وتحارب العلمـاء ومحاولـة تحويلهم لإرهابيون وهنا أصبح هـذا العالم حظر علـى الأمن القومي ويجب القضاء عليه وشكلت لجنة من بعض المتأمرين لمحاولـة رشوة هذا العالم وجلست معه وخرج التقرير أن هذا الرجل عنيد وصلب وصاحب قضية القوميـة الوطنيـة الإسلامية وأنه ذكر كلمـة مصلحة الشعب أكثر مـن مـرة في حديثـة ومصلحة القوميـة الوطنيـة فهـذا النـوع لا يليق ولا يستطيع أحد استمالته بالمال ويجب التخلص منه ولكن ذلك الرجل الوطني الشجاع القيـادي فـي لجهاز الأمنـي الرفيع صابح الشرف والمسحة الطبية وقف وتعهد بنفسه أن يختفي ذلك العالم لا يذكر ذلك الموضوع نفسه كضمان صد قانوني إني لم أرى رجل وطني شريف بما تحمله الكلمـة مثل ذلك الرجل الذي فخر للوطنية ذلك الجهاز الوطني الرفيع حامي الأمن القومي وتعهد العالم بذلك بعدما علم بأمر تفتيش البلاد من قبل تلك الدولة الكبيرة بالرغم مـن تـوالي فرصـة الانتقام من البلد التي شردته وحاربت قضيته وقتلته ألف مره ولكنه عندما تكون مصر في خطر وأمنها القومي المصري الحقيقي صاحب القوميـة الحقيقيـة والقضية التـي حـارب واعتقل وشرد وأهيمـة أشد بسببها أن يضع نفسه فداء لبلاده حتى لو كانت ضده (وللعلم إن المبلغ الذي بيع به جزء النظرية يصل إلى عشرة مليون دولار) في حين أن ذلك حا كتن ات بجد فوت يومـه وقد لاقى من أهله ما لم يجده من أجهزه الأمن على تنوعها من إهانـة ومحاربـه وحسد ومعايره وسخرية وعدم مساعده حتى على أقل المعايش ولكم وجد ذلك الرجل نفسه وهو يحوت لألاف المرات في اليوم الواحد وتراكمت الأمراض النفسية والجسدية عليه وهو يقاوم وتظل القضية والرسالة في القوميـة الإسلامية المصرية الوطنية هدف لـه برخص في سبيلها الغالي وتحقيق طموحه في منهجه الجديد للبحث العلمي والذي عليه سوف يتم تميز العالم وشكل معلومـة وميلد نظريات جديدة من ذلك المنهج تقام عليها اكتشافات واختراعات وأنه يرى في ذلك المنهج شكل أخر للبشرية والعالم وأن مـن إرادة (لـو أن كل الجهود العالمية والمحليـة التـي تحشد من ماديات

وتجمعات وتغير موارد للحرب والكراهية والأحقاد والمنافسة والغلبة حشدت لمكافحة المرض والفقر والمحبه والسلام نحو مجتمع عالمي واحد لكان خير الناس قبل ملاقاة رب الناس).

وأخيراً: هذا العالم أو هذا الرجل مضرب للأمثال الوطنية فهل يعتبر العابثون بأمن البلاد والحاقدون على التقدم المحلي لبلاد العالم.

إن ما ذكر من رجال وطنيون في أجهزة أمنية رفيعة ليعلم الجميع أن الرجل الذي ذكرت والمسئول عن بعض جهاز الأمن الرفيع في زمن مبارك هذا الرجل الشريف الوطني كان ممن حمل مسئولية بقاء تلك البلاد في ثورة 25 يناير ولا يعلم أحد وللعلم إن مصر ولادة وبها الكثير والكثير من نوعية ذلك الرجل ومن نوعية ذلك العالم.

والله وحده الهادي إلى سواء السبيل

الخاتمة

بسم الله والصلاة والسلام على رسول الله

الحمد الله الرب المنفرد بكل شئون الربوبية والالهية فلا منازع له فى سلطانه ولا منازع له فى الوهيته وربوبيته بيده وحده الضر والنفع والاسعادة والاشقاء والمنع والابقاء وبعد فأن هذا غيض من فيض فى صراع بدأ بين قوم يناصرون الله وحده فى افراضه وحده بالالوهية ثم أبى الله وحده إلا أن يجعل الفتنية معهم شأن حتى يميز الخبيث منهم من الطيب وليمحص سبحانه عقيدة القلوب حتى اسفرت الفتنة عن سقوط الأغلب وبيان حقيقة أمرهم وتبين للفئة الأقل حقيقة كل الأمور واضاء الله تعالى لهم بعد ذلك الطريق فاشتغل بعضهم بما ينفع دينهم ودنياهم وأمتهم وقوميتهم حتى وان لم يسلموا من مكافحة الارهاب المصطنعة والمدمرة دمار أعمى لا يرى احدهم الحق من الباطل أو الخير من الشر ومنهم كاتب البحث وظلت تلك الفئة تقاوم وتراقب وتحتسب عند الله حتى رأت الفتنة المفتونة انها اصحاب حق فى سلطة مستغلة بذلك جهل العديد الشرائح العديدة من الناس وبين قوم رأوا فى مناصرة الدين العلمانى الديمقراطى خلاص لهم مع احتفاظهم بدينهم السماوى فقد اوضح البحث كيف سقط عنهم دينهم السماوى لكونه لا يقبل المشاركة وسقطت عنهم القومية الوطنية الاسلامية كما سقط ما اسموا انفسهم بالاسلاميين وقد اسماهم البحث بالاسلاميين الديمقراطيين واوضح البحث كيف سقطوا مع خصومهم العلمانيين فى نفس السقوط القومى الدينى وبما أن الكاتب طرف رغم آفنه تارة ولفروض قوميته وقضيته وقضية أمتي التى بعث الله الرسل من أجلها وكان الانسان لها على الارض ولأشتغال الباحث بالعلم التجريبى والنظرى فقد قدم غيض بسيط من فيض كثير لم يفصح عنه بعد والله وحده من وراء القصد .